破解身份密码，你的人生面貌就会改观

身份密码

基于自我的生存之道

[美] 拉里·阿克曼（Larry Ackerman）/著
季广茂/译

首都师范大学出版社
CAPITAL NORMAL UNIVERSITY PRESS

图书在版编目（CIP）数据

身份密码：基于自我的生存之道/首都师范大学文学院主编．—北京：首都师范大学出版社．2010.4

ISBN 978-7-81119-957-4

Ⅰ.①身… Ⅱ.①首… Ⅲ.①成功心理学—通俗读物 Ⅳ.①B848.4-49

中国版本图书馆 CIP 数据核字（2010）第 072650 号

新人文阅读系列

SHENFEN MIMA：JIYU ZIWO DE SHENGCUN ZHIDAO

身份密码：基于自我的生存之道

（美）拉里·阿克曼（Larry Ackerman）/著

季广茂/译

责任编辑：喜崇爽

首都师范大学出版社出版发行

地　址　北京西三环北路 105 号

邮　编　100048

电　话　68418523（总编室）　68982468（发行部）

网　址　www.cnupn.com.cn

北京嘉实印刷有限公司印刷

全国新华书店发行

版　次　2010 年 5 月第 1 版

印　次　2010 年 5 月第 1 次印刷

开　本　787mm×1 092mm　1/16

印　张　14.75

字　数　152 千

定　价　32.00 元

For my Chinese readers

写给我的中国读者

我们正在经历史无前例的沧桑巨变。这些变化正在重塑我们国家的行为方式，进而重塑我们的国家在世界上的地位和声誉。世界上还没有任何一个国家像中国那样，能如此迅猛地脱颖而出，一日千里。中国有着独特的革新史和成就史。你们的经济正在快速腾飞。作为全球商品的消费者，你们个人的需求和期待也在扩展。你们在苦苦思索：在这个非凡时期，如何引导这个国家，才能取得最佳的效果？

不过，所有这些变化，以及中国最终在全球赢得的地位和声誉，都要始于你的“足下”。你是自己国家的起点。知道你本质上是怎样一个人，并据此规划自己的生活，是走向成功的第一步。

无论是对你而言，对你的家人而言，还是对你的国家而言，都是如此。

我想与你分享获得成功人生的几个简单教益（也可以说是秘密）。多年来，我一直与世界上最具影响力的公司合作，与无数个向往美好生活的个人合作。这些教益就是在与他们的合作过程中获得的。把它们谨记在心，你的身份之旅就会变得更加轻松愉快，更加卓有成效。你在未来会遇到挑战，也会面临机遇。到那时，把它们当成路标吧。

抵御快速赚钱的诱惑

和所有近期繁荣的国家一样，无论是以生活消费品的形式，还是以工业发展的形式，贵国似乎到处都是快速赚钱的机遇。你很容易为“一夜暴富”所诱惑。这样做，或许最初你会尝到成功的喜悦，但到头来，几乎总是一败涂地。一败涂地的，即使不是你的钱袋，也是你的心灵。何以至此？因为终有一日你会明白，你的成功究竟是诚实的收获，还是欺诈的成果。终有一天，凌晨三点之时，你会躺在床上，翻来覆去，难以安寝。你心里明白，为了达到目的，你究竟维护了自己的良知，还是弃之如敝屣。

不过，如果你的商务活动自自然然地体现了你的身份，自自然然地体现了你独一无二的、能够创造价值的特性，赚钱未尝不是一件好事情。基于身份的人生会让你知晓，你应该走上哪条大道，应该避免踏上哪条歧途，无论你面临的机遇有多大的诱惑力。缺乏清晰的身份感，你就无法主宰自己的命运。你会成为诱惑物的奴隶。

尽快抵制一夜暴富的冲动。不这样做，你会失去自尊。人们会钦佩你的收获，不会羡慕你的为人。获得成功的商务活动，都有一个放之四海而皆准的秘密：你必须是一位优秀的领导者。即是说，要想功成名就，你不能独善其身。对于那些以身份为生的人而言，身份有着巨大的影响力。称之为“自我意识”、“诚实品性”、“怡然自得”或“荣耀”吧。得之者，被视为天然的领导人。

像敬重自己的家人那样敬重自己

敬重血缘和祖先，意义重大。成为家庭的一部分，有益无害。无论怎么说，在许多方面，家庭都决定了你是怎样一个人。不过，敬重自己，把自己视作独一无二的存在，同样意义重大、有益无害。你的价值并不取决于家庭或其他社会制度。与此相反，你的价值取决于你生而有之的特殊才能。善用自己的特殊才能，你会对世界做出独一无二的贡献。

要有勇气

一天从早到晚地围着我们身边的世界旋转，的确不是难事，甚至令人感到惬意。这样的世界，我们可以看，可以摸，可以嗅，可以听，可以尝。尽管时时在变，物理世界却是安全的，我们知道它，分享它，也理解它；它给我们提供了共同的语言；但对我们人类而言，物理世界充其量也只是半个世界。还有半个世界在我们内心中，它和我们每天控制的外部世界一样博大、丰富和强大。

我们的内在世界是身份的王国。它有自身的结构（你会在本书中读到身份定律）。它以其一贯正确无误的力量，决定了我们的人生。无论我们是否意识到了这一点，都是如此。实际上，身份王国是你能找到的最安全的地方。它比外部世界还要安全。它是你的“自然家园”，不受他人的主张和议程的干扰。你如何才能抵达那里？抵达那里的第一步是要明白，只有由内而外（而非由外而内）地生活，才有幸福可言。知道你在本质上是怎样一个人，明白你每天都做了哪些选择，会使你更加聪明，更有成功的希望。用你们中国老子的话说，那是“知人者智，自知者明”。

世上只有一个你

中国的未来，包括它将来在世界舞台上获得的地位和取得的声誉，都要从你开始。你的个人造诣与你国家的成就交织在一起。无论对你本人而言，还是对你的国家而言，你都是财富的种子。是的，你是十几亿颗“种子”中的一颗。你有了成长的潜力，因而也能运用源于你的身份的力量，影响他人。请你踏上这条大道。

《身份密码》提供了一个完整的人生框架，也提供了一套把人生的独特性和潜能誉为所有价值创造源泉的哲学。把它当成你的人生指南吧。

我撰写《身份密码》的目的，是给读者提供三样东西：希望、帮助和快乐。第一是希望。我希望你能了解，我在本书中提出的看似无法回答的问题，全都可以找到答案。你能从中知道：你是谁；你有何特别之处；作为一个独一无二之人，你拥有怎样的天赋。

第二是帮助。《身份密码》含有我设计的独特练习。做完这些练习，你就能够获得我在本书中所操的八个重要问题的答案。花些时间做完它。慢慢来，勤奋点，反省，思索，感知。像发现外部世界那样，去发现自己的内在世界。

第三是快乐。虽然我没有力量使你快乐，但我可以为你指明一条金光大道，帮你抵达快乐之境。这也是《身份密码》要做的事情。它要提供一条找到那种快乐的天堑通途。但是，只有依照你是怎样一个人来生活，你才能获得那种快乐。我的快乐定义很简单：当你与自己和谐相处时，你是“快乐”的。

这就是我对你的希望。希望本书帮助你找到快乐。作为一个独一无二之人，你理应快乐。

拉里·阿克曼

2008 年 10 月 27 日

身份的循环

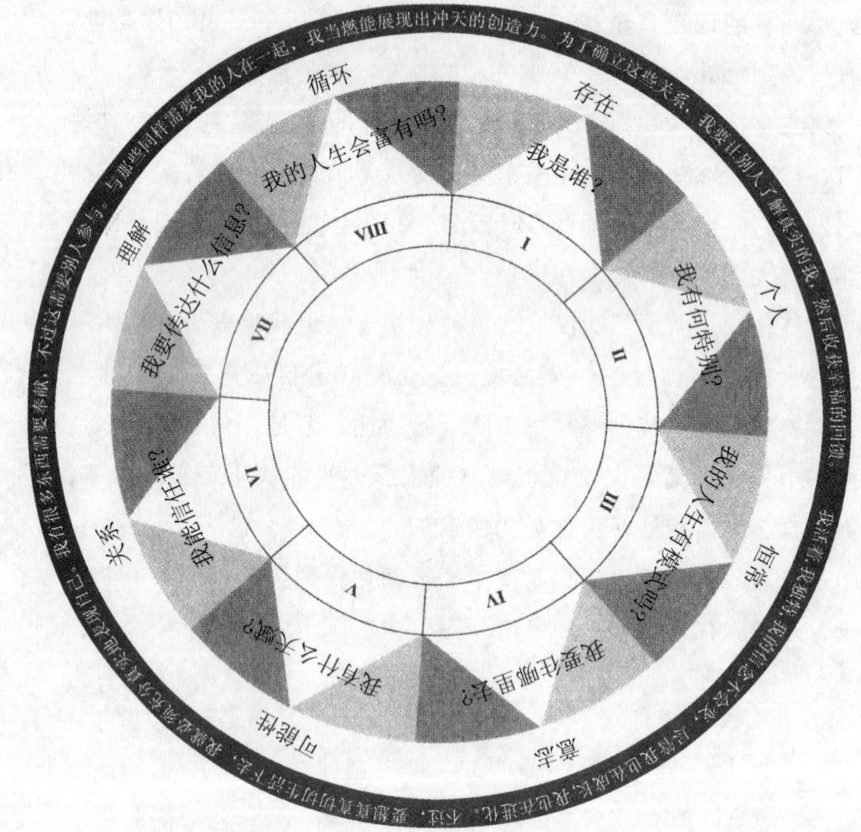

我有很多东西需要奉献，不过这需要别人参与。与那些同样需要我的人在一起，我当燃能展现出冲天的创造力。为了确立这些关系，我要让别人了解真实的我，然后收获幸福的回馈。我活着，我独特，我的信念不会改变，尽管我也在成长，我也在进化。不过，要想真真切切地生活下去，我就必须充分真实地表现自己。
存在
个人
恒常
意志
可能性
关系
理解
循环
我是谁？
我有何特别？
我的人生有模式吗？
我要往哪里去？
我有什么天赋？
我能信任谁？
我要传达什么信息？
我的人生会富有吗？
I
II
III
IV
V
VI
VII
VIII

目 录

Table of Contents

写给我的中国读者 / 1

快速阅读指南 / 1

个人自由的神话与身份的意义 / 5

人生有序 / 5

八个问题 / 8

发现身份定律 / 10

身份无处不在 / 15

我的身份，我的人生 / 28

问题一：我是谁？ / 37

布赖恩的故事 / 38

有了被肯定的希望 / 39

把自己从关系网中分离出来，以此界定自己 / 41

练习：分离 / 54

问题二：我有何特别？ / 59

卡伦的故事 / 60

获得信念和明晰 / 63

发现你的爱好 / 63

练习：发现 / 70

问题三：我的人生有模式吗？ / 75
乔治的故事 / 76
寻找人生秩序 / 79
解释过去，预示未来 / 82
练习：模式识别 / 86

问题四：我要往哪里去？ / 89
特里的故事 / 90
获得人生的信仰和坚韧 / 93
下定决心，踏上金光大道 / 97
练习：下决心 / 102

问题五：我有什么天赋？ / 105
黛安娜的故事 / 105
天赋的力量和荣耀 / 108
追寻欢乐的足迹 / 112
练习：启示 / 118

问题六：我能信任谁？ / 121
塔莎的故事 / 122
从信任中获得庇护 / 127
对于我，谁重要？为什么？/ 130
练习：评估 / 141

Table of contents

问题七：我要传达什么信息？/ 147
克洛伊的故事 / 148
自由：表白真实的我 / 154
凭借你的禀赋之力，表白自己 / 158
练习：表白 / 166

问题八：我的人生会富有吗？/ 171
戴维的故事 / 172
有了得以坚持的希望 / 175
向身份的引力投降 / 179
练习：投降 / 190

人生的模式 / 195
发现秩序 / 195
身份之弧 / 197
身份信条 / 201

结语：身份的循环 / 207

鸣谢 / 209

参考文献 / 211

译者后记 / 215

Table of contents

Reading Guide

快速阅读指南

这本书的目的，是要向你介绍你自己。不是每天在镜子里见到的那个你，也不是每天与其他人互动的你，而是内在的你，充满力量与潜能的你。

那个你，比你更了解你的特质；那个你，具有独一无二的天赋。能为世界创造价值，并因此得到幸福的回馈。

认识自己，亲近自己，你就能活出生命的光彩，也更懂得爱与被爱。

通过探索书中的八个问题，本书将带你一起破解奇妙的身份密码，帮你开发蕴藏在自己身上的无穷潜能：

- 我是谁？

  把自己从关系网中分离出来，以此界定自己。

- 我有何特别？

  发现你的爱好。

- 我的人生有模式吗？

圆点连线，使之既能解释过去，又能预示未来。

- 我要往哪里去？

  下定决心，踏上你的金光大道。

- 我有什么天赋？

  追寻欢乐的足迹。

- 我能信任谁？

  对于我，谁重要？为什么？

- 我要传达什么信息？

  凭借你的天赋之力，表达真实的自己。

- 我的人生会富有吗？

  向身份的引力投降。

本书根据这八个问题，循序渐进地提问，并提出八个定律作为解码说明，引领你一步步踏上探索“自我”的旅程。每个问题的探索都分为三个阶段：

故事

首先，是以某个人物的故事作为引导与借鉴，旨在让你认识到“身份”的影响。

希望

接着，则是解析这个问题的重要性及答案中蕴含的希望，以及找到答案之前又将遇到什么挑战，帮助你更加了解自己、接受自己。

途径

最后，提供可以在生活中实践的做法和渠道，帮助你理清自我认同，掌握生命方向，做好行动的准备。

练习：身份图绘过程

每个问题都以一系列的个人身份练习作总结。整本书的练习合在一起便构成了“身份图绘”。［身份图绘（Identity Mapping™）乃劳伦斯·阿克曼（Laurence D. Ackerman）注册的商标。］

身份图绘包含了诸多练习。这些练习能帮助你理清自我，探索自我，开发自我，超越自我，找到自己的天赋，活出你真正想要的人生模样。

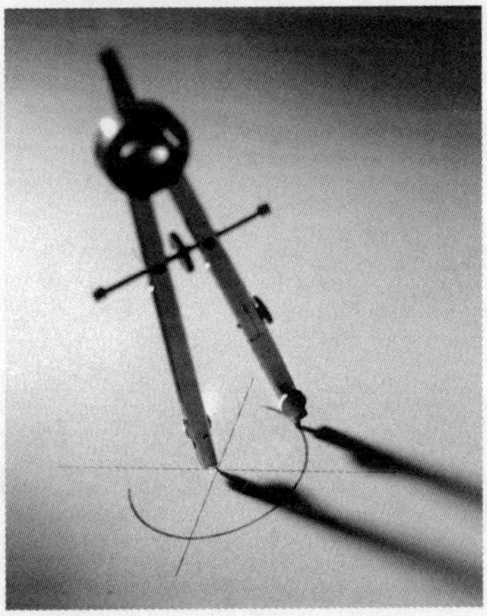

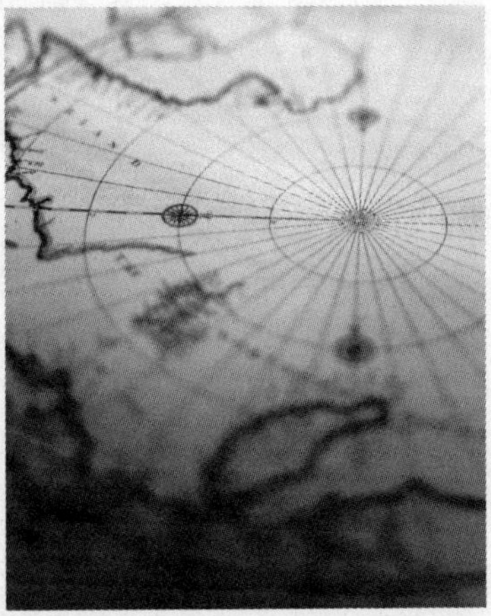

myth of freedom

个人自由的神话与身份的意义

※人生有序※

从我们出生的那一天起，可爱的父母、热情的老师、好心的朋友、有英雄气概的公众人物和社会名流都会谆谆教导我们，我们想成为什么，就能成为什么。如果目标够远大、工作够刻苦并持之以恒，我们就可能成为国际航线的飞行员，成为财大气粗的大老板，成为荣获诺贝尔奖的科学家，甚至可能成为第一位女总统或者其他的什么国家领导者。

我们一直被这种诱人的前景包围着。它点燃了我们的想象力，刺激着我们的信心和希望。我们认为，自己可以自由地选择人生，因为它不受任何限制。我们懒得思考，就这样让它左右了自己的人生之道。直到有一天，当我们开始考虑职业或事业，依然想要追随这个根深蒂固的梦想时，却发现自己已经陷入了一个“自由”的怪圈。

当你深夜躺在床上，为大学要学的专业、毕业后要找的工作或者高中毕业后的人生进行艰难的抉择时，你不禁扪心自问道：**我想做什么？我是自由的，但我要走向何方？**可能性似乎是无穷无尽的。

面对无拘无束的自由与抉择，你迷茫了。没有任何的参照系能帮你理清：我想做什么？我能做什么？做什么才是对的？自由失去了它诱人的魅力，成为困扰现代人的罪魁祸首。在朦朦胧胧的不安与迷茫中，有些人紧步父母后尘，有些人在先人指引的路上一条道走到黑。许多年后，当他们认识到人生的不如意，也已经为时已晚。他们都不敢想象，一旦脱离了现在的领域，他们还能做些什么。

属于你的人生到底什么样？是否一定要“功成名就”呢？不要片面地给它们画等号。问题依然如故：你快乐吗？我说的“快乐”不是金钱带来的满足，也不是心花怒放，而是你在内心深处的怡然自得，是你理解了自己的独特才能，并根据自己的独特才能安排人生后的满足。你意识到，你想得到某种参照系，你要用它帮你做出决定：你要做什么？对你而言，做什么才是正确的？

如果真的很走运，有些人会非常快乐，灵魂感到极大的安逸。但多数人并非如此。对于他们来说，某些东西已经彻底丧失，某些东西令他们感到意乱神迷。但他们无论是对自己还是对别人，都坚不吐实。

我所谓的“快乐”指的是你在内心深处怡然自得

个人自由的神话，成为困扰现代人的难言之隐——你要用自己有限的时间做些什么才有意义呢？我们已经知道了坏消息——你不可能想成为什么就成为什么。但是好消息是：我们的人生其实是有序的，遵循这个秩序去生活，你的人生就会轻松，满足，怡然自得。

我们这里谈及的秩序，就包含在“身份密码”中。“身份密码”，就跟生物上的遗传基因密码一样，是与生俱来的。它提供了一份详尽的图谱，清楚地绘制了我们内心最原始的人生构架——也就是我们如果依照真正的自我去生活，应该怎样做。在“真我”的世界里，生命表面的差异消失了，你会拥有真正的“自由”。你能与自己和平相处，你了解自己的特长，并且根据这些特长而活着。虽然世界上有千千万万的人，但你很高兴你是这样的你。

尽管你不能想成为什么就成为什么，但实际上，你拥有的潜能远远多于你觉得你具有的潜能

我们的身份密码并不那么一目了然。我们看不见它。要领悟它，仅凭生理感官是不够的。但它确实存在，等着我们去发现，去接受。

破解了身份密码，你的人生面貌就会改观。你不仅会变得更加强壮，而且会变得更加博大，心胸会更宽，影响会更大，爱别人和被人爱的能力会更强。

你会找到合适的朋友，你会娶（嫁）得更加明智。你会找到恰当的职业和学习领域，以及践行它们的空间。你会成为更好的父亲（或母亲）。你将尊敬正确的英雄，崇拜正当的神祇。你甚至会寿比南山。你会理解你人生的奥秘。

※八个问题※

要在下列八个问题的答案中去寻找身份密码：

- **我是谁？**
- **我有何特别？**
- **我的人生有模式吗？**
- **我要往哪里去？**
- **我有什么天赋？**
- **我能信任谁？**
- **我要传达什么信息？**
- **我的人生会富有吗？**

人们在迷茫中经常问自己一些问题，比如“**我怎么走到这一步？**”或“**我的人生目标是什么？**”上述八个问题似乎与此类似，但这八个问题并不是信口提出的。它们有共同的来源：八个**身份定律**。它是真我的一部分，像钟表一样，精确地主宰着我们的人生。

身份定律并非什么新东西。它们与我们相伴已经长达若干世纪，是我们的自我保存的本能，是对子孙后代先天的爱护，也是影响我们宇宙的定律。身份定律总是与行动和反应有关。例如，一旦你觉得受到了威胁，你会自动防卫。如果你的孩子遇到了麻烦，你会本能地做出决断：如何做才能最好地帮他脱离危险。你的反应是下意识的。它完全是自然的反应。

这样的定律确实存在。它框定了我们在人生中做出的选择，并不可避免地影响我们的安宁。

人们普遍相信主宰自然世界的自然定律，比如热力学定律。这些定律的真伪，可以在科学上予以验证。不过说到身份定律，尽管我们无法在经验的层面上验证它的真伪，但它对人生的巨大冲击，也是令人无法忽视的。

仔细观察你的人生，就能看见身份定律的影子：你对自己的人生是否感到满意？作为个体，你是否活得踏实？你会作自己的“主人”，还是经常人云亦云？你会为自己的信仰挺身而出，还是对别人的看法表示默许？这些问题能让你初步了解，自己与“真我”是否合二为一。你越是能够依据自己的身份安排自己的人生，你就越是接近我在此谈论的身份定律。反之亦然。

你将要踏上的“身份”旅程，是从寻找、接纳一种生命感开始。你很可能从来都没有体验过这样的生命感。我所谓的生命感，是无法通过任何生理感官（触觉、视觉、听觉、嗅觉和味道）获得的，而我们又恰恰把这些生理感官视之为理所当然的事情来接纳。

一旦你锁定了这种感觉，你就会进入一个“自我发现”的阶段。在这期间，你会发现你以前从来都不知道自己具有的才能，并开始面对你从来都没有听说过的严峻考验。

最后，随着你的身份变得日益清晰，随着你的身份开始成形并产生意义，你就会进入这样的境界：在那里，你激情澎湃，你信念坚定，你从容宁静。在那里，你最终会把它当成自己的家园。

随着本书的展开，我会向你展示：每个身份定律及其包含的问题，它们如何决定了你身份密码至关重要的一部分；这些定律合在一起，如何构成了我们所有人都无法逃避的根本现实。

※发现身份定律※

1996 年夏天，我与家人一起前往科罗拉多州的一个牧场度假。坐在小屋的前厅，我的心又回到了几个月前，那时我与一个朋友有一场对话。对话要旨如下：我在向他解释我的信仰：每个人都是独一无二的。这种想法不只传达了不言而喻的道理，还表达了更多的东西。我得出这个结论绝非偶然。我真的就是这个意思，而不是在比喻什么。**与我们知道的相比，人类天赋中的力量还蕴含着更多的东西**。人的身份是生而有之的，它决定了人的自我。广而言之，它还影响了人用自己的生命所从事的事业。一个小时后，这场谈话即在我的脑海里消逝。我悠然自得地看着太阳的斜光穿过小屋后面的白杨树。

突然，我领悟了自己一直苦苦寻求的东西：身份定律是存在的。它是理解我们作为个人的独特性和潜能的关键之所在。这个启示永远改变了我的人生。

在以后的日日夜夜里，这个洞见几乎攫取了我的全部能量。它打开了我心中隐伏多年的丰富知识宝藏。众多知觉以极快的速度重重叠加在一起。

我沉浸在过度警觉的心态里，感受到了自己的身份的具体性。它不仅是可以触知的，似乎还蕴含着特定的结构。我意识到，这个结构与我知道的身份定律有着千丝万缕的联系。在那一刻，我心头涌现的形象是美丽的。我觉得我正在观赏一朵玫瑰的蓓蕾，它突然开放了，瞬间伸出了花瓣，在它的中心形成了小巧而炽热的球体。

身份定律是存在的，但它们只是作为“做人”的结果存在的

在那一刹那我理解了，我的身份所蕴含的结构不仅展示了它的美丽，而且展示了它的伟力。我想，如果我能破译自己的身份，我就能发现它的秘密——有关我的特殊力量和真正激情的秘密，它暗示我应该走上哪条道路，应该避免踏上哪条歧途。

两天之后，我坐在小屋附近的一条河边，看着树林、山峦、湛蓝的天空和夕阳一起创造出来的可以预见到的辉煌景观。任何人在这里，都很容易下定论：只要眼睛能够看到，人生就是极其美丽的。不过，对我而言，只有具有完全迥异的眼光，才能发现处在我们的本性之中那美丽有序的人生，而我们的“自我”的精粹就来自那里。

我们的身份所展示的是一个“完整”画面：我们能够成为怎样的人

身份是美丽的，也是强大的。事实已经证明，我在1996年夏季彻悟的身份定律是普遍而绝对的，也是无可逃避的。身份定律对于人生的影响是可以预测的，在这一点上，它与支配外部世界的物理定律无异。

Ⅰ．存在定律

一个人的生存能力首先取决于：是否能将自己与别人彻底分离开来，并以此界定自己的“自我”。

Ⅱ．个性定律

人的天然才能总是化为清晰可辨的身份，正是这样的身份使他独一无二。

Ⅲ．恒心定律

身份是固定的，是不受时间和地点限制的，但身份的外在形式却总在变化。

Ⅳ．意志定律

每个人都被迫创造与其身份一致的价值。

Ⅴ．可能性定律

身份预示着潜能。

Ⅵ．关系定律

人本质上就是关系性的，关系力量的大小，取决于不同身份间的自然结盟的程度。

Ⅶ．悟性定律

只有当一个人的全部价值被领悟之后，他的各种才能才有价值。

Ⅷ. 循环定律

身份支配价值，价值制造财富，财富激发身份。

这些定律适用于每个人。它们决定了我们的人生和财运，即使我们没有意识到它们的存在，也是如此。它们是我前面所提的八个问题的基础。问题的答案揭示了你的身份密码。

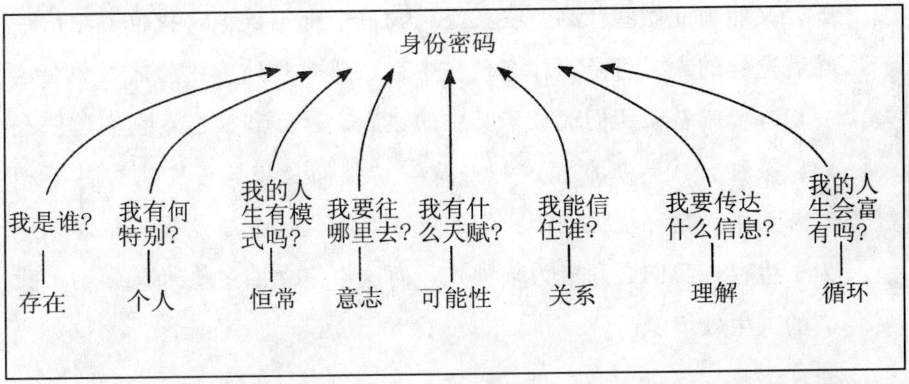

只有根据自己的身份过活，你才能抵达内心深处的，不可动摇的“快乐”之地。无论你的人生要回转多少次，最终总能到达那里。你可以尝试新鲜事物，因为在你这样做时，你会本能地透过身份的镜片对新鲜事物进行评估了解它们对你是否有意义。

你的身份密码允许你随时改变人生的音调、节拍或和弦，因为你知道，音符最终会组合在一起。你总是能够回到主旋律上来，那是你人生的主题曲。

获得那些能够透露你身份密码的答案是个挑战性的任务。在追寻这些答案时，没有明显的路标可循。不过，一旦找到路标，答案自然会令人欢欣鼓舞；它们提供了真正快乐的前景。

第一步，你要承认身份生来就是一股积极的力量。随着时间消逝，我开始把身份视为地球上最强劲的人性力量。它之所以强劲有力，是因为它包含了一切有价值的事物的种子，值得你为之一试。而且，身份揭示了你可以奉献的潜能，它是你与世界的桥梁。

曾经很多人问我，是否认识身份“糟糕”之人。如果认识这种人，又能为此做些什么。答案是：我一个都不认识，我也不相信存在着这样的人。可是为什么现实中存在那么多处境糟糕之人呢？这一切都要归咎于我们成长于其中的家庭、社区和社会，它们迫使我们以某种方式行事，而这种方式与“我们是怎样一个人”并不相符。为了满足环境强加于我们的要求，我们确立了这样的信念——为了生存，我们必须成为某种人，而这个信念回过头来又影响了我们的人生处境。

首先要承认你的身份生来就是一股积极的力量

所以形象地说，我们像绳子打了结那样扭曲了自己。我们否认自己内心深处所信奉的价值观念。我们想说“不”，说出口的却是“是”。我们把真正的自我留在生命的角落，使之孤苦伶仃。我们这样做是为了与人相处，取悦他人，为了让那些我们需要（或者我们觉得自己需要）的人接受我们。

我们在不知不觉中制造出种种虚假的信仰。正是这种虚假的信仰，以及由此造成的行为，使我们疏远了自己的身份。这并非是我们的过错。

某些人偏离自己太远了，以至于不得不否认“身份”之类的东西存在。但它的确是存在的。事实上，身份是无处不在的，有时以明显的方式，有时以隐晦的方式，总之能让自己显山露水。它既在我们之内，又在我们之外，无论我们是否意识到了它的存在。

※身份无处不在※

自有文字纪录的年代开始，我们的身份感就一直发挥着核心作用：我们如何过活，如何做出决策，决策的结果如何影响了人们（包括我们自己、家人、某些机构甚至某些国家）的命运。总之，这些均与之息息相关。

战争常因身份问题而起。北爱尔兰天主教徒与新教徒之间连年不断的血腥之战，中东以色列与巴勒斯坦之间永无休止的残酷冲突，莫不如此。在这两种情形下，每一方都群情激昂地信奉某种世界观。如此世界观还包括下列问题：人们是如何区分正确与谬误的？什么东西才真正值得誓死捍卫？换言之，他们是怎样的人，又不是怎样的人。

身份就是这样一个问题，它总要千方百计地进入各个行业。在艺术世界里，孩子们涂抹着原始的图画，表达他们是如何看待自己的。双手、嘴唇、眼睛、头发以及许多其他的面貌特征，通常都能提供生动的线索。在伟大的艺术家中，毕加索创作了诸多立体主义肖像画，以相当独特（通常也是危言耸听）的方式，戏剧性地勾勒出他们的性格。

在我们结成的各种关系中，身份发挥着特殊的影响力。在家人中，我们本能地寻找着某人像某人，或某人不像某人的迹象：儿子是否像父亲，女儿是否像母亲，弟弟是否像姐姐，等等。

在工作场所，我们常常发现自己在做这样的评估：这个场所是否适合自己？我们与雇主或老板是否享有共同的价值观念？我们是否应该去做我们正在做着的事情？我们这样做，仅仅是为了谋生吗？

有时候你不知道，你是否属于你所在的那个地方

人们走到哪儿，身份就会追到哪儿，它会创造出一道独特的风景。让我带你踏上简短的旅程，在三个影响了我们所有人的区域，欣赏身份的风景。这三个区域是：宗教、人类心理与媒介。

很多人是在宗教中找到自己身份的，无论他们的信仰是什么。世界三大一神论宗教（基督教、犹太教和伊斯兰教）是如何看待身份的？不妨让我们在此提供一幅快照。

在基督教传统中，人的身份始于这样一种理解：他或她是上帝之子，上帝有意地把他或她创造出来，完全是出于爱心，完全是为了使他或她与上帝结成某种关系。

基督教说，因为上帝爱我们，他才赋予我们用以敬重上帝的禀赋。上帝同时还赋予我们自由的意志，让我们自己决定，是否要使用这些禀赋，如何使用这些禀赋。因而，作为上帝心爱的孩子，我们的身份要求我们承认自己作为上帝之子的独特性。它要求我们运

用自己的禀赋，去做既有益于自己，也有益于他人的事情。那些不愿意承认或不能够运用自己禀赋的人，通常只能在人生中苦苦挣扎，并以身心俱疲、一事无成告终。

不幸的是，那些选择不接受上帝所赐身份的人，通常都会疏离上帝和远离他人，因为他们与“身份的匮乏”扭打在一起。那些失魂落魄的人，通常都是极力以误入歧途的、最终也是一无所获的行动，填补自己空虚的心灵。然而，有些人接受了自己的“上帝的孩子”的身份，并以自己的禀赋做更多有益的事情，最终使自己的人生充满了欢乐和满足。

简言之，从基督教的角度看，你会通过你与三位一体的上帝（圣父、圣子和圣灵）结成的关系，发现自己的身份。旧约中的很多诗篇都在暗示我们，人的身份来自于上帝。“出埃及记”中的一段文字，雄辩地表明了这一点：

> 摩西对耶和华说：“主啊，我素日不是能言的人，就是从你对仆人说话以后，也是这样，我本是拙口笨舌的。”耶和华对他说：“谁造人的口呢？谁使人口哑、耳聋、目明、眼瞎呢？岂不是我耶和华吗？现在去吧！我必赐你口才，指教你所当说的话。”（4：10—12）

在“你是怎样一个人”这个问题上，犹太人有独特的理解方式。犹太人赞美独一无二之人。他们的想法是，我们都要为我们人生中发生的一切负责。我们是按照上帝的形象创造出来的，但我们自由地成了自己，自由地运用才干、技能与激情，而正是这些才干、技能与激情，使我们独一无二、与众不同。我们要完全依靠自己（而不是上帝），去寻找人生的出路，确立人生的目标，以便使自己受益，也使他人受益。

下面一段文字来自《拉比文选》（*A Rabbinic Anthology*）。它引用的诗篇与《旧约》大相径庭，赞美的是人的个性，当然也赞美"上帝的伟大"。

> 但是单个人被创造出来，为的是显示上帝的伟大。人用同一个模具铸造了许多钱币，这些钱币彼此相似。上帝却是以第一个人①为模具，来铸造每个人的，但铸造出来的人却彼此各异。所以，每个人都会说，世界是因为我的缘故才创造出来的。(Mishnah Sanhedrin 4：5)

尽管我们有力量和责任来决定自己的人生，但犹太人的宗教还是要用谦卑感来调和力量。有一个故事告诉我们，上帝在创造第一批人时，选用的泥土来自地球的"四个角落"：黑、红、黄和白。第一批人是用泥土创造出来的，他们身上也容纳了这种四种颜色，这样谁都不能在事后说："因为我是白种人、红种人、黑种人或黄种人，所以我比你们优异。"

在伊斯兰教中，身份的观念是通过使自己完全屈从于真主来界

① "第一个人"，指亚当。本书页下注，均为译者所加。

定的。穆斯林通过屈从真主来表明自己身份。伊斯兰教的神职人员会对整个世界发号施令，告诉我们该如何过活，甚至指示穆斯林该如何吃饭、如何穿衣和如何睡觉。

实际上，穆斯林要想表明自己的身份，只有履行其宗教义务一途，比如每天祷告五次，救济那些需要帮助的人们。一句话，作为上帝的创造物，穆斯林是从世界与人类的创造者那里获得自己身份的。

《可兰经》中一段著名的韵文，名为“宝座之歌”（throne verse），就表现了真主巨大的影响力：

> 上帝，没有上帝，只有他，只有永生和永恒。打盹夺不走他，睡觉也夺不走他。天上和地上的一切，都属于他。他要离开，谁又能向他求情，获得解脱？他知道他们生前有什么，他们身后又有什么，而他们丝毫都不能领悟他的知识，即使他想让他们知道，也是如此。他的宝座囊括了天与地；囊括天与地并不能使他感到受压抑；他至高无上，至为荣耀。

伊斯兰教不仅是宗教，它还是一种神圣有序的人生方式，是独立的社区。从这个角度看，你的身份（你在这个星球上的目标）就是屈从于上帝的意志，进而证明上帝的存在。你的屈从不能仅仅限于宗教领域，而要囊括你所做的一切。

尽管三大宗教存在差异，但它们全都引导我们从上帝那里获得“身份的暗示”。上帝大体上为我们设立了基本规则，帮助我们弄清楚，我们究竟是怎样的人。

我提供这三个例证（其实还有更多的例证），目的并不是要告诉大家哪一个是正确的。这完全要靠你自己来判断。我的目标只是强调，身份是如何融入我们珍爱的信仰中的。

从另一个角度看，身份还构成了一个研究领域。身份作为一个课题，曾经捕获了几代心理学家、学者和作家们的想象力。我特别佩服三个人的著作，也乐意在此介绍给你。其中之一是埃里克·埃里克森（Erik Erikson），出生于德国的心理学家，人称“心理社会发展”（psychosocial development）之父和身份的设计师。

尽管这三大宗教存在差异，它们全都引导我们从上帝那里获得“身份的暗示”

埃里克·埃里克森阐明了人类身份的根源，以及身份对于我们走向成熟的影响。他的主要贡献之一是在人类发展与文化因素之间架起了一座桥梁。“人类发展”关注的问题是，个人是如何亲自迎接挑战的；“文化因素”则包括对我们影响巨大的家庭、宗教和社会环境。他在那本划时代的《身份与人生循环》（*Identity and the Life Cycle*）中探究了这两种力量。书中，埃里克森把身份描述为下列两种力量的融合：一种力量来自个人家庭、历史和传统的特定价值的联系，另一种力量来自我们的品性，这种品性使我们与众不同。

埃里克森在自己的研究中描绘出人们是如何通过确立自己的身份，最终长大成人的。身份的确立始于童年，中经青年，止于壮年。从埃里克森的角度看，尽管我们在一生中经历了各种变化，但我们的身份作为一种决定性力量，总在伴随着我们。

我特别喜欢的另一个作者是美国心理学家、学者詹姆斯·希尔曼（James Hillman）。希尔曼是透过灵魂的镜片来审视身份的。事实上，他写过一本题为《灵魂密码》（*The Soul's Code*）的著作，该书的副标题是“性格与职业探寻”（In Search of Character and Calling）。在该书中，希尔曼提出一种观点。他认为，我们的“自我”不是由家庭关系或由其他外在力量界定的。所谓“性格”实际上指的就是命运。他向我们表明，如果有机可乘，心灵会以某种方式早早地展示自己的风姿。

希尔曼还认为，自我们诞生之日起，我们个性的基本精髓就处于我们体内，它既决定我们的行为，也为我们的行为所决定。他所谓的“精髓”可以有各种叫法。有人称之为“天才”（genius），有人名之曰“精灵”（spirit）、“恶魔”（daimon），甚至号之曰“守护天使”（guardian angel）。你想怎么叫都可以，但它的另一个名字是身份，即一套相当独特的特性。它在一定的人生阶段形成，并使你成为你自己。

我们的身份作为一种决定性力量，总在伴随着我们

最后，我想说说一位名叫司各特·派克（M. Scott Peck）的医生和精神病医师，他是因为写了那本《一路人迹稀》（*The Road Less Traveled*）而广为人知。该书探讨的是人类的行为与灵性问题，读者甚众。该书甚是精美，充满了人性之爱，并对人生不易这

个事实大加赞赏。其实派克的大前提是，人生真的是艰难困苦，接受这个真理是对付它的第一步。

就个人身份而论，派克最令人陶醉的一个想法就是，把意识与上帝绑在了一起。本书中有一部分，题为“意识的进化”。我从中选出几个段落，连在一起。它们为个人身份的真正意义，提供了一个迷人的透视。

> “意识”（conscious）一词来自拉丁文的前缀 *con* 和单词 *scire*。前者的意思是“用”（with），后者的意思是“去认识”（to know）。处于意识的状态，就意味着“用……去认识”。但是我们如何理解这个“用”？又用什么“去认识”？我们曾经说过，我们心灵的无意识部分是超级知识的所有者。它比我们知道的还要多。在这里，“我们”被定义为我们处于意识状态的自我。我们知道了这个新的真相，那是因为我们承认它是真的，我们重新知道了我们自始至终都知道的东西。
>
> 但是我们依然没有做出令人心悦诚服的解释。我们如何在无意识状态下拥有了这全部的知识，而这些知识尚未在意识的层面上获得……在我所知道的假说中，还没有一个假说像有关上帝的那个假定那样令人称心如意。在这个有关上帝的假定中，上帝与我们密切地联系在一起。其间联系是如此的密切，以至于他就是我们的一部分。如果你想在离我们最近的地方寻求恩典，那它就在你的体内。如果你要获得更多的智慧，你会在自己的内心深处找到……或者说得更明白些，我们的无意识

就是上帝。

关键在于，在成为上帝的同时，保存好自己的意识。如果我们能够做到这一点，上帝就会以新的生命形式呈现在我们面前。这就是我们的个人生存的意义之所在。作为一个处于意识状态的个体，我们生来就是可以变成一种新的生命形式的上帝的。

派克在此传达的主要信息是：要想知道你的生命核心，即你究竟是怎样一个人，就要知道上帝为何物。只有读完《身份密码》你才能断定，这种身份观与你的身份观是否一致。

还有一个人，我不得不把他提出来。尽管就职业而言，他不是正式的心理学家，但到目前为止，对于理解人类的身份而言，他是不可或缺的。随着时间的消逝，他的一句名言影响过千千万万的人。他的名字就是苏格拉底，那句名言就是“认识你自己”。

尽管其他古希腊哲学家也因为说过这句话而名声大振，但苏格拉底却被视为他们中的第一人。事实上，德尔斐阿波罗神庙中的神谕也把苏格拉底视为最聪明的人。他明白，人在知道自己做什么之前，还要做一件事情，就是知道自己是怎样一个人。也就说是，人要知道自己的身份。

苏格拉底认识到，“认识你自己”一语蕴含着深刻的挑战。如果不理解自己的身份，你终将一败涂地。如果你认定自己是怎样一个人，你就会脚踏实地，就会做出正确的决策。苏格拉底的确聪明得一塌糊涂。

“认识你自己”

身份的话题还经常出现在新闻里。我花了多年的时间，收集有关身份的文章。许多新闻报道都是围绕着这个主题运转的。首先，这些潮水般袭来的文章都在漫不经心地谈论身份，这令我开心。我意识到，身份这个主题并非偶尔提及，它日复一日、周复一周、月复一月地循环不止，出现于形形色色的主流报纸杂志。

这些文章涉猎广泛，有些非常简单，甚至愚不可及。比如，有一篇文章专门讨论薄皮黄瓜的身份问题。一种名为“波斯黄瓜”的薄皮黄瓜实际上产自以色列、墨西哥和美国的加利福尼亚州，最终在纽约市销售。

我已经把自己的办公室里两面大墙变成了身份的纪念碑。我把它们统称作“身份之墙”。它上面沾满了以身份为核心主题的文章和广告。我定期收藏这些文章和广告，这件事做起来易如反掌，因为围绕着身份讲述的故事多如牛毛。

现在，许多文章在我的墙上都打上了时代的印记。因为暴露在阳光和空气之中，它们已经卷了角，并泛着黄色。在我眼中，这种羊皮纸般的质感只会增加其本真性，而本真性恰恰是身份的根本。

本真性恰恰是身份的根本

这里罗列少许我的身份墙上的东西，它们都来自报纸、杂志，涉及相当广泛的话题。

民族与地域中的身份

“许多圭亚那人担心去巴西后会丧失身份”

“在热火朝天的争论中，一个城市在寻找自己的身份”（讲述的是华盛顿州塔科马市的故事）

体育运动中的身份

“球场下的野味十足与温文尔雅的处理方式混合在一起。埃尔顿·布兰德给洛杉矶其他队注入了新身份”（讲述的是埃尔顿·布兰德影响洛杉矶快艇篮球队的故事）

“巨人队，新面孔与新身份”（讲述的是众多新球员使纽约巨人橄榄球队焕然一新的故事）

我们人生中的身份

“身份转移”（讲述的是中年人转职的故事）

“官员为身份窃贼的迅速崛起而大伤脑筋”（讲述的是新近出现的信贷卡及个人资料被窃的问题）

食物与酒水中的身份

“智利鲈鱼：不仅是身份问题”（讲述的是过度捕捞味美而貌丑的智利鲈鱼[①]的问题）

---

① 智利鲈鱼（“Chilean Sea Bass”或“Patagonian toothfish”），稀有的海洋鱼类，价格昂贵，人称“白色黄金”，在日本和美国极受欢迎。可观的商业利益造成了大量非法捕捞和过度捕捞的问题。

"西拉[1]寻求自己的身份"（讲述的一种法国葡萄酒的故事）

艺术与文学中的身份

"美术馆寻求身份"（讲的是纽约市库珀—威特美术馆的故事）

"《身份》——《午夜凶铃》之后最吓人的电影"（电影《身份》[2] 的一则广告）

"诺克·洛克威尔的美国面临的身份危机"（引自撒缪尔·亨廷顿的著作《我们是怎样的人？美国国家身份面临的挑战》）

高等教育中的身份

"普利策奖得主告诉新生，要'翻箱倒柜'地寻找自己的身份"（讲的是托尼·霍维茨给布兰迪大学的 2007 届演讲的故事）

商务中的身份

"丰田公司改变设计方法以澄清自己的身份"

"菲利普·莫里斯的身份危机似乎远未过去"（讲的是另一家公司得到了菲利普·莫里斯[3]公司的新公司名称——"Altria"——的故事）

---

① "西拉"（Syrah），本指一种葡萄，盛产于法国，可以以之酿成色深味浓、酒韵雄劲的好酒，在西方口碑甚佳。

② 电影《身份》（ID），我国一般译为《致命 ID》。

③ "菲利普·莫里斯"是世界著名的烟草集团公司。

在寻找身份的旅程上，我还要再停一站，然后继续前行。在某个地方，身份找到了几乎不可能找到的家园。这个地方就是寓言和童话。在那里，我们作为孩子第一次开始考虑我们究竟是怎样的人。有一个童话，可以充分阐明我的看法——丑小鸭。

一群鸭子正在照料一窝正在孵化的鸭蛋，就像每年春天都在做的那样。有一只禽蛋硕大而丑陋。这群鸭子中的一对夫妇起先觉得它像火鸡蛋。那绝对是一个怪模怪样的东西，有些鸭子立即要把它踢出窝去。

面对这只已成众矢之的的禽蛋，很多鸭子过来啄它。恰巧在附近散步和看热闹的小鸡也过来打它。在这些禽类动物生活着的农场上饲养家禽的小女孩也过来踢它。

终于，那只禽蛋孵了出来，一个奇异的鸟类诞生了。它看上去一点都不像鸭子，却在鸭群里躺了那么久的时间。鸭子们于是问这个动物："你算是哪类鸭子？"这个古怪的动物摇摆着它那毛茸茸的小脑袋。它无法解答这些问题，也不知道该说些什么。因为觉得自己被彻底地放逐了，于是自动走出那个世界，迈入严寒的冬季。

第二年春天，它发现自己身处一个花园。就在四处闲逛的时候，它出乎意料地碰到了一群美丽的天鹅。它跟在它们后面游来荡去。不知何故，它觉得它们的魅力无法抗拒。不过它依然感到恐惧，始终觉得它们会杀死自己，因为与它们站在一起，自己长得实在丑陋无比。

不过，它们没有把它赶走，也没有对它发起攻击，反而匆匆忙忙地接受了它。它起先感到惊诧，接着注视自己在水中的倒影，才明白自己是它们中的一员。它不知道该怎么做。它兴高采烈。它把自己的羽毛抖得沙沙作响，弯过长长的脖子，大声喊道："做丑小鸭的时候，做梦都没有到我能有今天这样的快乐。"

身份是无处不在的

安徒生撰写的这则丑小鸭的故事是有关身份的经典童话，它要我们知道自己是怎样的人，属于什么地方。在与某些人或与某个机构一道工作的过程中，我渐渐相信，世界上有成千上万的"丑小鸭"，但他们绝对不丑，他们只是没有在自己心中找到天鹅而已。

※我的身份，我的人生※

或许你会感到纳闷，关于身份，我是怎么知道这些东西的？我有这方面的专业资质吗？

我靠"身份咨询"为生。我让某些机构和他们的领导者知道自己是怎样的人，他们代表着什么，他们应该怎么做。我要使他们面对自己独一无二的特性，帮助他们领悟这些特性所蕴含的潜能。

我的客户遍布全球最具影响力的公司，包括富达投资公司(Fidelity Investments)、洛克西德·马丁公司（Lockheed Martin)、博伊西·加斯凯德公司（Boise Cascade)、陶氏化学公司（Dow)、欧洲饮料巨头英特布鲁公司（Interbrew)、挪威百年工业企业海德鲁公司（Norsk Hydro)，以及美国消费者的偶像美泰克公司(Maytag)。合在一起，这些公司影响着千千万万人的人生。我就是以为这些公司服务为生的，而且他们通常都相信，在某种程度上，他们的身份与这些公司密切联系在一起。

如果我能在大多数雇员那里找到一件他们都想要的东西，那就是一种目标感。正是这种目标感，给他们的工作赋予了薪水以外的意义。在某种程度上，我的工作就是帮着促成这一切，使每个人从中受益。

在过去 25 年间，我花费了无数时间与人交谈。与我交谈的人员包括雇员、消费者、厂商、社会领导者。我有责任帮助我的客户寻求“快乐”。就是一个机构的快乐和一个人的快乐一样，它既取决于金钱，也取决于其他的财富形式。

不久前，我在会见一位执行总裁时问他，什么力量驱使他为自己的机构寻求身份？他解释说，投资人正在向他施加压力，让他把公司拆开经营。这个公司由众多不同的商务活动组成。表面上看，这些商务活动毫无共同之处。因此股东们觉得，各种商务如果独立经营，效果也许会更好一些。他希望能从这家有着百年悠久历史的机构中找到某种东西，用以解释整体的价值，进而找到能使公司凝为一体的理由。

绝大多数人想在自己的工作中找到薪水以外的目标感

短暂停顿之后，这位执行总裁转过脸去，双手慢慢合在一起，置于面前，仿佛若有所思地继续好多年了。他都一直挣扎着解答雇员们提出的一个问题——除了既定的商业路线和为之服务的消费者，这家公司真正代表着什么意义，它究竟是什么？他无力提供他认为恰如其分的答案，这让他的良知感到不安。如果他无法解答这个基本问题，又如何能够合法地领导这些人？他说这席话时，我们的目光交织在一起。他说："我需要一颗北极星。我需要自己能够指出，除了获得利润，我们是否还有什么别的目标可寻？如果还有其他目标的话，我需要知道我们自己的身份。"

在过去的这些年里，我与人们进行过上千次诸如此类的谈话。这些讨论以及它们产生的洞识，一直是我迎接每个客户发出的独特挑战的根基。我从中领悟到的东西就是，机构的需要与个人的需要毫无二致。那八个适用于个人的身份定律，同样也适用于机构。我就这样处理我的工作。它是我成功的秘密。

我还有其他的专业资质。事实证明，这些专业资质在很多方面比我的职业经验更为强劲有力甚至比一个受过专业教育和临床训练的心理学家或医师的专业资质还要强大得多。我是一个人，说得更精确些，是人类之一。我是直接透过身份的镜片，渐渐领悟人生的。身份对我的一切有着深远的影响，让我给你讲一讲我的故事。

有些人认为我的故事听上去有些极端。还有些人会说，他们没有与我类似的生命体验，因此我有关身份的观念无论如何都不适用于他们。他们会大错特错了，我们经历并不重要，重要的是我从人类身份的力量中学到的东西。我学到的东西与每一个人都有关。

我的故事是围绕着视觉的一切（视觉、视力、眼睛、知觉、观看和眼力）展开的。我四岁时做过一次眼科手术，以校正眼睛肌肉方面的问题。我天生斜视。从医学上讲，这次手术是成功的。但在手术期间，我的生命历程发生了永久性的变化。

在手术之前，我的父母以充满爱意的语言，以谨小慎微的言词，向我描述了将要发生的一切。但这无关紧要，一个年仅四岁的孩子不可能理解手术是怎么回事。我现在能够回忆起来的第一个瞬间是我躺在手术台上，望着四周，孩子的好奇与越来越强烈的恐惧混合在一起。医生、护士和五花八门的护理各自忙碌着，有条不紊地为手术做着准备。手术室顿时紧张起来。不过，我还不知道将要发生什么事情，不可能知道我为什么躺在那里。

躺在那里，一股寒气袭人的恐惧沿着我身体的四周慢慢爬了上来，最后坚定地驻扎在我的心里。我知道自己肯定出了什么问题，毕竟，我的父母把我扔在了个这病人成堆的地方。如果我真的出了什么问题，那我就需要“固定”在这里。我需要做一次手术。正如我理解的那样，我的眼睛有问题。我斜视，这显然不是什么好玩的事情。所以我得出的结论是，正是我的眼睛使我陷入重重麻烦之中。(可恶的眼睛!)

从那个不知不觉、难以言说的瞬间开始，我的视力变得重要起来。父母的爱抚和包容都在未定之天，而我是个孤苦无助的四岁的孩子，我的小命也是如此。反正我是这么想的。

我躺在手术台上，心里充满了恐惧。带着一股义愤，心中涌现出下列语句：**不！停下！走开！**我努力注视着那道不锈钢的房门——我就是通过那道门被推到这里来的。从我躺着的地方，我凝视着门上的那两扇窗子，寻找着父亲的身影。他的身影自始至终都没有出现。我觉得自己被遗弃了。我感到了彻骨的无助和孤独。

我至今还记得当时的情景：我被绑在手术台上，布带紧紧地勒过我的胸部和骨盆。我在恐怖中看着面具盖在我的脸上。我不再受自己控制。我开始反复追问自己：**难道就没有人关心我吗？**不过，很快，一个新问题开始将我毁灭：**我究竟出了多大的问题，以至于我必须改变自己？**所有我能想到的只是，我的眼睛算是彻底毁掉了，我也被彻底摧毁了。我觉得自己就要呜呼哀哉了。我再次大声对自己呼喊：**不！请不要伤害我！**那面具紧紧包裹着我越来越强烈的恐怖，而我就在面具下面发出乞求。

就在那个令人极其痛苦的瞬间，我无法呼吸，我的一部分已经坠入黑洞，那是通向自由和获得生命的“隧道”。为了活命，我已经放弃了自己的身份。不过，就在那飞逝的瞬间，在我栩栩如生的噩梦之中，我对自己发誓，我要回来！我第三次也是最后一次向自己呐喊：**不！我不会死去！我还要回来的。**

在接下来的刹那间，我一头扎进了另外一种生存状态，一种意识的状态。我现在相信，我们每个人都曾以这种形式或那种形式，进入过这种状态。我跨越了下列两者的界限：一边是我们能在生理学意义上看见和感知的事物，一边是处于另外一个世界，等人看见和感知的事物。

我发现自己身处绝对寂静之地。准确地说，那是一个大牧场，我是绝对的孤身一人。那里人迹罕至。没有别的生灵，走过我脚下的道路。我以沉着、镇静的目光扫视着我周围的一切——牧场上随风摇曳的牧草、遥远的丛生树林、蓝天上自由翱翔的鸟儿。在我漫步的地方，没有声音，没有氧气。我死去了，但又活着。绝对的沉寂，绝对的无声无息。

尽管我的外部生命依然存在（就像现在这样，我的外部生命把我与别人、自然界联系在一起），但我还是永久地、安详地徜徉在我的牧场上。那里是安全的，是我的新家园。

四十年过去了，我现在才充分意识到这种经验的重要性。我要“回来”的意志，依然顽强，依然坚定。如果我要回来，就要准确地知道自己经历了哪些事情。我要知道，究竟是什么让我再次感到困惑，如何帮助他人从我经历的创伤中受益。

从灵魂出窍的那天起，我一直都在致力于恢复自己作为一个人的诚实性。**我是怎样一个人？**常规性的治疗已经迫使我面对这一问题。这与我准备这样做的时间相比，已经大大提前。

1996年夏天，我在科罗拉多州想到的那些身份定律，是我孩童时代在“逃避”手术的烈焰中获得的知识。手术四十年后的那天下午，我坐在小屋的前厅，认真地记下了我的见解。我知道，这是我倾其一生学到的东西。

从纯粹的技术层面上说，我的眼睛永远是麻烦之源。在我四岁时如此，现在五十岁了，依然如此。三次校正斜视，两次角膜移植，伴之以单目视力（不是双目视力）问题，所有这些都证明了这一点。但从那时开始，我选择了不同的思路：如果我的视力在技术上无法复原，那么我会找到其他的观看方式。

我一直琢磨我在那间手术室中的遭遇所具有的意义，并把视力放在内心深处，使之成为一种生存方式。我称它为内视（inner sight）或洞视（insight）。但它不是一般意义上的洞视，而是带有某种目的的洞视。

为了对付我在孩童时遭受的可怕恐惧，我渐渐开始在一切事物中寻找美。当然是在物理世界中，在自然中，在光明中，在人群中，去寻找一切形式的美。但我还会在其他事物中寻找、发现美：在改变了思维方式和行为方式的优雅观念中，在捕获了我的想象力并永远驻留心灵的隽语中，在每天读到的大大小小的影响了我们命运的英雄行为中，去寻找美，去发现美。

我知道了自己是怎样一个人，我知道了自己的人生目标：**那就是帮助人们恢复视力。**帮助人们看到，哪些行为是徒劳无益的，哪些行为是强大有力的。帮助人们看到，每个人都有潜能，它是由人的身份决定的。帮助人们认清自己是怎样一个人，看到人生中的美。

难道我真的对你很熟悉，以至于可以准确地告诉你你的身份密码？告诉你如何解答这八个问题中的每一个问题？答案是否定的。但是关于你，我所知道的一点就是：你比你自己感觉到的还强壮，还聪明，还勇敢。

不要放弃任何机会去发现你是怎样一个人。

尊重自己，踏上征程吧。

question one

问题一：我是谁？

※存在定律※

一个人的生存能力首先取决于：能否将自己与别人彻底区分开来，并以此界定自己的“自我”。

令你卓然独立的，必定也会使你异常孤独。

——罗瑞恩·汉斯伯利[①]

① 罗瑞恩·汉斯伯利（Lorraine Hansberry，1930～1965），美国作家，代表作为《太阳下的一粒葡萄干》。

※布赖恩的故事※

这些人拥有成功的外表：令我们垂涎三尺的权势或职位，我们从未获邀进入的幻想俱乐部的会员资格，光芒四射的舞台生涯，可以上明信片的温馨家庭和家人。但是他们的强作欢颜会毫不留情地暴露他们快乐背后的真相。他们表面上取得的成就一文不值。为了得到这些东西，这些表面上风风光光的人士曾经努力工作，目的在于满足别人，而不是满足自己。他们全然忘记了，自己也是“值得取悦之人”。他们把自己忘了个一干二净。

于是我想到了布赖恩（Brian），我上大学时就认识的老朋友。大三时，我在走鹃俱乐部（Roadrunners Club）认识了他。我一直钦佩他的长跑能力。

现在他的职业就是讨人喜欢。他从事的全部工作，就是孜孜不倦地说别人想听的话。从研究所毕业后，布赖恩一直在一家大型国际公共关系公司任职，而且一帆风顺、步步高升。后来，他在华盛顿给最具个性的国会议员们担任新闻秘书。因为功勋卓著，布赖恩被任命为国家食品工业贸易协会的常务董事。所有这些岗位都有一个共同的特点，即服务于他人，我的朋友已对这种技巧烂熟于心。

如果你看得足够仔细，就会在他们功成名就的盔甲的缝隙中发现些蛛丝马迹。布赖恩也不例外。布赖恩过去常常醉眼蒙眬。据我所知，他现在依然喝得迷迷糊糊。我感觉，早在我认识他之前，他就已经必须逗人开怀了。

如果你看得足够仔细，就会在他们功成名就的盔甲的缝隙中发现些蛛丝马迹

眼下，当我回想布赖恩跑马拉松的样子时，我只能想象他开跑时的情景，至于开跑后奔向何方，我一无所知。但就算他跑得再远、再快，也甩不开在他身后对他紧追不放的东西。

他只有与它保持必要的距离才能弄清楚自己是怎样一个人，才能远离那些他一直都在服侍的人们。我敢肯定，他至今都没有逃脱这个命运。

※有了被肯定的希望※

我是怎样一个人？每个人都曾以种种不同的方式问过这个问题，包括像柏拉图、亚里士多德这样的大哲学家，也包括那些默默无闻之辈，即那些蝇营狗苟的“芸芸众生”。

有时候，你可能是在宁静、冥想中提出这个问题的，或许那时正值夕阳西下，你沿着海滩漫步，海浪轻轻拍打着你的脚趾。彼时彼刻，得出答案未必有多么迫切；相反，那倒是沉思默想的契机，是你摆脱日常生活中永无止境的各种要求的“稍事休息”。从这个意义讲，**“我是怎样一个人”**的问题不过是你犒赏自己的一个小小奢侈品，类似于你款待一次自己，但也只是偶尔为之。

有时候，你可能在熊熊燃烧的失望烈火中提出这个问题。你从事的职业已经毫无意义，而且令人极度厌倦。你的日常生活好像单调乏味、异常空虚。你一直用来界定自己是怎样一个人的东西，似乎已经油尽灯枯。

你可能会问自己：难道我不是某个琼斯、某个斯特恩、某个美好家庭的孩子？难道我不是一个忠诚的基督徒、一个尽责的犹太人、一个虔诚的穆斯林？难道我不是一个美国人、土耳其人、日本人或印度人？至少，难道我不是一个兢兢业业的雇员？这些还不够吗？如果还不够，**那到底我是怎样一个人**？毫不奇怪，你的问题需要答案。但答案从未出现。

其实，你可能是这些东西的混合物。例如，你叫琼斯，你是个基督徒，还是个克勤克俭的美国人。不过这些标签中的任何一个都无法解答“**我是怎样一个人**”的问题。之所以如此，是因为，不论这些标签在你界定自己时有多么重要，它们也只是用来掩饰你的核心本质，而不是展示你的核心本质的。甩开这些群体，不再是它们的一员，你就会成为沃尔特·惠特曼（Walt Whitman）所谓的“一个朴素、独立之人”[①]，而不依赖社会强加于你的任何习俗、文化和惯例。

不要担心一旦剥离那些标签，你会“一无所是”。这样的恐惧是没有根据的。你不是你的标签。你只是你自己。学着赞赏自己最基本的形态。哪怕只有片刻的瞬间，也要摆脱那些社会标记。事实是，我们全都依赖于这些标记，我们用它表明，在这个世界上，什

---

① 沃尔特·惠特曼（Walt Whitman，1819～1892），美国著名诗人，代表作是诗集《草叶集》。此语出自《我歌唱人的自我》（“One's－self I sing”）一诗。此诗的前两句是：“我歌唱人的自我，一个朴素、独立之人，用的却是民主、整体的词语”（One's－self I sing，a simple separate person. ／Yet utter the word Democratic，the word En-Masse.）

么地方适合于我们生存。

锁定这种自我感，不吝获得新生。如果形态完整，这种感觉会使你周围的一切活灵活现，仿佛你第一次被赋予生命。不过，你此刻正在感知的，不是你周围的事物，而是处于高度意识状态的自己。从精神的层面上讲，发现你就在这里，会使你与意识之根紧密联系在一起：**我是自己，我存在着**。

我在努力破译自己的身份密码时，常常再三告诫自己：**我是拉里·阿克曼**，不是杰克（Jack）和安妮（Anne）的儿子拉里。不是美国人、犹太人或资深顾问拉里，不是别的什么标签。拉里·阿克曼只是一个人。这种初步训练使我居于中心位置。它使我无法偷懒省事，无法一味接受社会打在我身上的印记。只有这样，我才知道究竟发生了什么事情。找到你的“自我”是件赏心悦目之事，也是开启你身份之旅的必不可少的第一步。

体验对生命的确证，是你学习和从事与你身份有关的活动的序曲。一旦找到了这种生命感，你就要发现你作为个人所具有的独特性，以及它所暗含的潜能。这种潜能会暗示你如何最终进入这个世界。

※把自己从关系网中分离出来，以此界定自己※

想知道你是怎样一个人，当务之急是**把自己与他人分离开来，并以此界定自己**。在身份的语境下，分离不是从身体的意义上说的，也不是要你从情感上远离他人。分离就是使自己与别人保持健康的距离，这样你就能回过头审视（**真正地审视**）处于关系语境中的自己。在性格、价值观念和才能方面，你与自己最亲密的朋友，你与你的兄弟或父母有什么不同？考虑解答这些问题，会成为一项设定边界的练习。设定边界会划出专属于你的跑马场，无论你与别人的关系有多么密切，也是如此。

把分离设想为寻找某个空间。在那里，你会沉寂，客观地注视自己与他人。这样做的目的，是以新鲜的目光看人，包括看你自己。由分离激发出来的感觉，类似于你第一次学习或观看某个事物时产生的感觉。在那一刹那间，你格外警觉；你所有的感官都紧张地运作着，你在努力领悟自己遭遇的一切。

你在分离中寻求的是独立，是在最能维护自身利益的前提下独立思考和独立行动的能力，而不在意别人对你有着怎样的期待。把自己与他人分离开来，并以此界定自己，就是发现你作为单个人具有的诚实性。它向你提供了在完全属于你自己的关系中生存下去的一席之地，即使在最极端的时刻，也是如此。比如，在反败为胜后拥挤不堪、汗水淋漓的更衣室里，在与父母或儿子进行激昂的对话时，或者在做爱时，仿佛只有你一个人似的。

也许你与多数人无异，一想到分离就会不寒而栗。害怕孤独，害怕与生活常规和救生索一刀两断，害怕与长年依赖的关系一刀两断。之所以如此，是因为这些关系是你的社会氧气之源。但是，尽管最初的体验全是忧惧，你可能很快发现，“卓然独立”会使你力量倍增。勇敢地面对由孤独导致的不适，是进步标志。这是你通向“发现”这条康庄大道的一部分。

在你努力寻找分离的空间时，你可能会因为背离那些需要你的人（家人或朋友等）而感到愧疚。这种反应是关心他人的自然结果。其实大可不必。你是在凭借自己的能力发展自己作为个人的力量。无论这要花去你六个月还是六年的时光，在只属于你一个人的跑马场里一展雄风，会使你作为更强壮的人对那些关系作出更大的贡献，奉献更多的东西。

当自己与父母、孩子、密友、同事分道扬镳，而他们曾经为你付出过那么多，想到这一点，或许你会觉得自己自私。或许你真的自私。但是抽出这些时间不是自我放纵，而是自我肯定。如果你连自己都一无所获，你又如何能够奉献他人?

你在分离中寻求的是独立

撕下你在自己的人生中一直视作理所当然的种种标签（哪怕只是在一瞬间），使自己勇敢地面对问题吧！或许会使你觉得，一旦终结长期维持的关系，就会空无一物，只剩下裂开豁口、无人知晓的空间。但情形并非如此。

要知道，你在琢磨着怎么进入自己独立的空间时感到的彻骨战栗，是生命的闪光，而不是死神的降临。你只是在为自己的发现铺平道路。那是**属于你自己的道路**。你的使命就是开辟道路，这样你身份的轮廓才能清晰呈现，才不受他人期待这个重负的妨碍。

看淡你的家庭背景

从我们还是孩子时起，我们就在挂于客厅、卧室、冰箱门的相框里的照片上找到了自己。这些照片包围着我们，不断提醒我们，我们属于什么地方。每张照片都让我们知道，我们是**家庭**的一部分。家庭是一个特殊的人群，它给我们过去，使我们驻足于现在，在我们高歌猛进时，为我们提供庇护。

面对镜子，它会告诉你，你属于哪里。你在父亲的下颚上看到一个小小的凹槽，你现在也有这样的凹槽。你透过和母亲一样的蓝眼睛注视着自己，正是这样的蓝眼睛使母亲神采奕奕。你祖父那一头银色的卷发现在传到了你的头上。毫无疑问，你是这个家庭的一部分。

在周日的宴会上，你听到了有关伯祖母、伯祖父和早已长眠九泉的祖先们的故事。他们沉着坚定的决心和勇气，使他们在面对艰难困苦时走向胜利。有时，这些艰难困苦是200年前，在野性十足的西部被体验到的。在另外一些情形下，他们是依靠救济，度过大萧条时期的。无论如何，结局总是，家庭最终大获全胜。

洗耳恭听，照单全收，使得这些故事扎根于你的生命。在接下来的那一瞬间，你自然会感到纳闷：**我身上是否保留了那些基因？我是否也有那样的决心和勇气？**是的，你的结论是，你保留了那些基因，你也有那样的决心和勇气。你会说，**我与他们无异**。一瞬间，你与家庭的联系更加紧密了。

家庭故事并非总是充满了胜利的气氛。有时候，它可能会让人心灰意冷。尽管如此，在“你是怎样一个人”的问题上，它对你的影响并未减少。我记得我的朋友布赖恩曾经给我讲过他在佛蒙特州长大成人的故事。他父亲是个农夫，在一个严谨、刻板的家庭中长大，为人冷漠。

他的亲戚费尽九牛二虎之力，开辟各种商业领域，但最终全都无功而返。几年后，他们无奈地打道回府，回来给别人当牛作马。正如布赖恩所言，有一朵云彩飘在他家的上面，无论家人走到哪里，它都会随风而至。

在布赖恩看来，挂在他家墙上的全家福，永远都会让他想起那朵云彩，不论他多爱自己的父母和亲戚。**我像他们吗？那朵云彩会找到我吗？**或许他会得出这样的结论：**它当然会找到我的。我与我的家庭无异。**

不论是好是坏，从我们出生的那一刻起，我们的家庭都在支配着我们有关“我们是怎样的人”的感觉。家人把我们包围在成功、成就、胜利和祝福中，也把我们包围在失败、斗争和诅咒中。我们从家人那里获得的教益在追逐着我们，仿佛我们别无选择，只有遵循先人设定的惯例。但我们还是有选择的。尽管家人可能给我们提供了爱意和温馨，我们还是有责任使自己与家人保持相应的距离，哪怕只是在很短的时间内保持距离，也是如此。

要想知道你是一个独立的人，就必须在一定程度上摆脱你最亲近的人，即摆脱那些与你享有共同的历史、血缘的人。无论我们是否意识到了这一点，我们的家庭之根都会把我们紧紧地束缚在家庭之内（有时是盲目的），限制我们清晰审视自己的能力。

我花了无数的时间与人们交谈，有些人我了如指掌，有些人只是点头之交。他们都曾骄傲地说起自己家几代人是医生、电影制片人、鞋匠、工厂管理人员、军人等。但说来说去，他们很少谈到自己。

我自始至终都在纳闷，他们对自己说出的话真的信以为真吗？他们只是根据祖先的业绩来界定自己？只是根据军人肩章上条纹的数量来界定自己？根据以某种特定方式扩张商务帝国的能力来界定自己？或者因为自己拍摄的电影比父母拍摄的电影更加令人难忘或更加尖锐深刻，并据此界定自己？我注视着他们流露出来的认真的表情（当然有时也相当迷人的表情），断定他们并不相信自己说出的话语。**可以肯定**，他们寻寻觅觅的表情告诉我，他们还有**难言之隐**。

“有其父，必有其子。”“你和你母亲长得一模一样。”“整个家庭都是这样的。”“你长得很像你的祖父。”这些表述可能相当诱人，但这些表述无法使你解答下列问题：**我是怎样一个人**？其实，它们只是完备的旁轨，只是支离破碎的语句，只是局部的真理，与你内心深处渴望的真相别如云泥。

看淡你的家庭渊源并不是否定家庭的价值。相反，淡化你的家庭渊源，才能将它们置于更加广阔的语境之中，即置于你完整人生的语境之中。

在内心寻找独处之地

在寻找分离的过程中，我们需要一个私人空间，躲在那里，不接受他人评判的前提下考验自己。我们需要这样一个空间，但是寻找的过程会让我们面临特殊的挑战。

我们的家庭之根都会把我们紧紧地束缚在家庭之内，限制我们清晰审视自己的能力

尽管我们重视想象力，但我们还是被心理惯性所吸引。心理惯性包围着我们，把我们拉入它的怀抱。我们住在家里，要上学，要开车去办公室上班，或去教堂、寺庙祈祷。我们在森林里野营，在海洋里游泳，去国外度假。我们从一地走到另一地。我们就是这样日复一日地过活的。

我们不假思索地认为，周围的世界何其庞大和有趣。我们要孩子**观察世界**，了解**世界的奥秘**，发现新的地域和文化。没错，周围的世界是庞大的，它充满了秘密，令人兴趣盎然，它是值得了解的。但我们一般都不知道，我们的内心也有一个世界，它至少和外部的世界一样博大、丰富和神秘。在这个世界里，我们有个特殊的空间可去，它令人兴奋的程度丝毫不亚于外部世界。那里充满了情感、记忆，甚至充满了有关生命的各种繁琐问题的答案。与你的外在的目的地相比，内心世界里只有你一个人，你是独处的。那里发生的一切，全都听命于你。让你的想象力引导你前行吧。

想象这样一个地方，比如一个房间，森林中的一片空地，总之是一个你觉得舒适的地方。所谓“舒适”，我指的是你觉得极其安全和安逸。你对这个地方有着愉快的记忆。你只能是你自己。或许这是一间房子，你就在那里长大；或许这是一个秘密的藏身之地，你小时候需要独处时，就会跑向那里。你居于中央，周围的人你全都认识。你可以看见他们，但他们看不见你。

我们内心也有一个世界，它至少和外部的世界一样博大、丰富和神秘

我在这里提到的那些人，都已经成为你人生之网的一部分。随着时间的流逝，这些人的出场会使你觉得更加安全。你的直系或非直系家庭成员肯定都要囊括在这些人里面。但是还有些其他的人，例如，我在思考时，想起了形形色色的似乎根本不可能与我有关的候选人。我想起的一个人是米里亚姆（Miriam），她是我母亲最好的朋友，已经去世多年。米里亚姆没有孩子，因此对我特别疼爱。她对我的疼爱是发自内心的，我时时刻刻都能感受到这一点。米里亚姆处于我生活的外围，但她还是占据了重要的地位。直至今日，都是如此。

我还想到了罗斯（Russ）。罗斯是我的好朋友，但是我们的关系开始于20年前，那时他是我的老板。时间不长，老板罗斯变成了导师罗斯。而且导师罗斯最终成了我的朋友罗斯，成了我儿子的教父。

你的人生中也有这样的人。找到他们。把他们带到这个舒适的地方。

现在，想象这些人逐渐离开这个地方，每次走一个人，彼此答谢着，但没有与你辞谢，直到剩下你一个人，孤苦伶仃地站在那里。

你可能会纳闷：**为什么我要这样做？毕竟这些人对我而言至关重要，我对他们而言亦非可有可无，他们使我在内心深处感到温暖与安全。为什么我要让他们离我而去？**

初看上去这是疯狂的举动，但是让他们离开，只剩下你一人，是随时可能降临的挑战。正是因为你一直指望从这些人那里获得安全感，所以你才需要勇气与他们分离，以便找到你自己的一席之地。

从这个角度看，我在这里谈论的“庇护所”既舒适又荒凉。能够带着两种似乎截然相反的情感生活在那里，是你的身份之旅上的重要一步。

在你心中找到一片独处之地，不论你的独立之战有时进行得多么惨烈，你都会心平气和。你可以随时选择走进那里，使自己情绪稳定下来。除了你自己，没人知道那个地方。在这个庇护所中花些时间，有助于你强化自己与他人分离的力量。它会帮你奠定更加坚实的基础，并从那里继续前行。

给特殊的人以特殊的关注

我们与父母、孩子、配偶（如果有的话）结成的关系，甚至与童年伙伴结成的关系，是人生的基本方面。

作为父母，关注你的孩子，尊敬他们身上那些只有他们才有而你没有的独特性。爱你的孩子，但要知道，孩子并非你的救助者。他们并非你实现自己从未实现的梦想的工具，让他们去做什么足球英雄、成功的企业家、芭蕾舞团首席女演员或者著名的心脑外科医生，等等。

你能给予孩子的最大礼物，就是允许他们成为他们自己。说什么不重要，关键是你如何说。告诉他们，他们应该寻找自己的人生之路。这些都是高贵的字眼，你的孩子需要听见它们。但是如何说出它们，关乎信息的实质。

诚实地说出你的言词，这会帮助你的孩子发现，在你之外他们是什么样的人。他们会自主地决定，他们究竟是要追寻你的足迹，还是开辟新的疆土。不过，说实话是需要一点勇气的。有时候我们鼓励孩子寻找自己的道路，但在心底又希望他们踏上我们为他们设置的前程：成为像我们这样的医生、工程师、作家，或者从事能够确保家庭传统延续下去的种种不同职业中的一种职业。

想让孩子完全不知道你的真实意愿，是不可能的。他们对你知根知底。他们会辨出你的弦外之音，听出你的言外之意。

如果你恰巧是个十几岁的孩子，一定要抵御这样的诱惑——为了迎合他人而迎合他人。为了迎合他人而迎合他人，会耗尽你的创造性自我，你也会在内心深处知道自己正在做假。相反，关心朋友并享受他们的陪伴时，首先要坚持自己的观点。先服从自己，再服从领导者。

抵御迎合他人的诱惑，显然有它的理由：同伴压力（peer pressure）会使你沉溺于烟草、酒精、毒品，甚至性探险，而性探险会导致有害的妊娠或疾病，进而使你的人生成为一团乱麻。

除此之外，显然还有其他的理由。在长大成人的时候，你努力寻找着属于你自己的一席之地。你需要空间，在那里寻找自己作为个人才有的诚实性。这个“空间”在你心中，而不你心外。它只属于你，不属于他人。你越是听命于朋友的欲望（这些欲望不是你本人的），你内心被占据的宝贵空间就越多，你就越没有诚实性可言，而只有诚实性才能最终把人们引向你的身边。

想让孩子完全不知道你的真实意愿，是不可能的

作为某人的孩子，无论你是14岁还是40岁，都要努力看清你父亲或母亲真正的自我。你需要花些时间才能在父亲或母亲眼中看到秘密，看到那个人。他们已经不仅是“妈妈”或“爸爸”。做到这一点，可不容易。事实上，一个人要摆脱无形的血缘联系（这种血缘联系把我们与他人之需捆绑在一起），这可能在所有的考验中都是最严峻的。

我现在生动地记得，我第一次角膜移植后躺在特护病房中的情景。那时我27岁。当我从麻醉中醒来，妈妈坐在我的床边。她的面庞逐渐清晰起来，我看到了新曙光中的她。我只是把她看成一个名叫安妮·阿克曼的人，而不是**我的母亲**。这是一种怪诞的、出乎意料的经验。我们谈话时，她盯着我的所谓的“新眼”。这时，我觉得自己已经与她，与把我带到这个世界上来的女性彻底分离开来。说不上好，说不上坏，只是分离而已。

我从来没有与母亲谈及这种经验。我不是自私，也不是故意隐瞒什么。对我而言，那个飞逝的瞬间标志着我已经长大成人，标志着我对自己的人生负责，标志着我要寻求自己的诚实性。这种经验属于我，这是我送给自己的了不起的小礼物。从那时到现在，我一直珍藏着它。

正如《圣经》中所言，“敬汝父母”，我们是一直被这样教导

的，一直被这样告知的，也一直把父母当成最值得尊敬的人的。这种人生方式还有诸多值得推荐之处。在大多数时间里，父母都赢得了这样的尊敬。但在发现“我们是怎样的人”的旅程上寻找自己的一席之地时，他们颇具传奇色彩的身份向我们发起了强劲有力的挑战。

每天都要练习分离

天天练习分离，会使这个过程变得更为容易。久而久之，它会成为一个健康的习惯，就像刷牙一般。那样，你就不会总是忧心忡忡了。分离几乎会成为常态。你会渐渐期待它的到来。因为这种常规行为会令人感到安心，你甚至会千方百计寻找分离的机会，把它作为一种方式，检测你是否适应了对这个过程的管理。

人生提供了众多机遇，供你练习分离的技艺。机遇来自商务会议，无论这商务会议是计划好的还是临时决定召开的；机遇来自杂货店，在那里，你与朋友不期而遇；机遇来自火车、汽车和飞机，在那里，你与认识的或不认识的人比邻而居。你在谈话、倾听、枯坐或与他人擦肩而过时，尽力感受你心中的那片天地。把那片天地想象为金色空间，因为它证明了下列事实：无论你多么关心、亲近那些人，你的存在也是显著不同的。

我以前的同事托尼（Tony）一直在虔诚地练习着分离。在他看来，分离成了一种人生方式，这种人生方式可以使他与客户、朋友建立了卓有成效的关系。他能使你觉得你的隐私极其重要，他会尊重你的隐私，但绝对不是麻木不仁或敬而远之。事实上，在与托尼对话时，你会觉得他与你心心相印。他是一个高明的倾听者。他在对你做出回应时，通常会重复你说过的话语，以便让你知道，他认真聆听了你的想法。他是一位优雅的社交大师，常请客户共进晚餐和随意聊天。他们无话不谈，就是不谈商务。托尼是出于真心的，这一点干系重大。他并不虚情假意、装腔作势或一味讨好客户。他其实喜欢了解那些人，想知道他们究竟是些怎样的人；而他们则会投桃报李，报之以同样的方式。

在我们一直工作的日子里，我亲眼目睹了托尼与客户建立起牢固而持久的情感纽带。曾几何时，托尼的关注都变成了友谊，这友谊拯救了我们正在从事的工作。一个客户竟然邀请托尼和他的几个朋友一道，去他位于新英格兰的避暑别墅共度周末。

托尼还有第六感，知道何时要让人们独处，不去打扰他们。他赞赏分界线并尊敬分界线。如果他邀请某人一起进餐，被邀之人稍示犹豫，他就会立即取消，并暗示被邀之人，上午他们还有很多事情要做。他知道，人们有时候需要独处。

托尼就是这样带着艺术般的优雅练习分离。他不是把分离的力量理解为拒人千里的手段，而是理解为关心他人的途径。

你可能还不知道，在最纯粹的身份意义上，你究竟是怎样一个人。身份是一些特殊的能量，一旦这些能量融合起来，就会决定你为这个世界作贡献的能力。但要知道，在你的家族内，你是独一无二的。要自己成就自己。从这个事实中汲取继续前行的勇气。“我是怎样一个人”这个问题的答案要在这个事实中去寻找。

了解这一点，是对分离的奖赏。正是因为拥有了追随这个进程的力量，你才会意识到：我活力四射！

※练习：分离※

下面的练习是身份图绘过程的第一部分。它们将帮你开始**把自己与他人分离开来，并以此界定自己。**

1. **想象这样一个地方，比如一个房间，森林中的一片空地，总之是一个你觉得舒适的地方。你处在中央的位置，或站或坐，四周的人舌辩滔滔，但你一句也听不见。**

· 在你的旅程中，开始时要尽可能详细地描述周围的场景。例如，周围是否有椅子，它们的颜色如何。如果你的周围是树丛，描述它们的大小和形状。详述场景。这会使你的这个场所以后更具纪念意义。

· 现在根据名字，辨别你周围的人，包括死去的及活着的家人，你过去的熟人，以及现在相处的人。

· 想象这些人依次离开这里。记住，你能够看见他们，但他们看不到你。随着人们逐渐离开，你的孤独感越来越强烈，把这个过程记录下来。在体验消极的情感时，尽力识别积极的情感。

2. **就你人生中的重要人物的性格与技能，简释这些人物与你**

有何不同。避免做出如下裁决："她不擅长这个，我擅长那个"。只要适当，尽可能详尽地填充下列项目：

· 我的伴侣（配偶、恋人、男友、女友）在下列方面与我不同。

· 我的孩子在下列方面与我不同。有多少孩子，就说多少孩子，一个都不要落下。

· 我的母亲或父亲在下列方面与我不同。把父亲和母亲单列，即使他们已经过世，也要如此。

· 我最好的朋友在下列方面与我不同。列出与你交情最深的一两个朋友。

· 我的老板或同僚在下列方面与我不同。列出那些为了成功，你必须在工作中与之相处的人。

3. **寻找机会，确认如下重要差异。以公开方式确认这些与你有关的重要差异，同时尊重当事人。这里提供一些方法，供你考虑。**

· 径直告诉其中的某个人或多个人，你发现他们拥有特定的性格，而且这样的性格影响了他们的人生。这样做时，一定要找到舒适的环境，而且时机要成熟。

· 买些赞美这些品性的小礼物。正是这些品性使他们与你迥然不同。（有一回，我花钱给朋友订阅了一份族谱杂志，她喜欢这个领域，尽管我对这个领域并无特殊的兴趣。）

·把握特定的时机，让别人知道，他们的与众不同，对你而言意味深长。这样的时机包括生日和假日，因为那时寄一张贺卡就给你提供了表达感情的机遇。

·在诸如会议之类的商务场合，积极聆听别人（诸如与你截然不同的同事）的见解。草草记下你听到的东西，将之视为别人最重要的观点。轮到你发言时，认可这些观点。然后在你听到的东西的基础上，或者重申你的立场，或者修正你的立场。

对于一个集体而言，达成一致是有利于发展的，但对于个人而言，我们一定要切记，当我们相信一件事时，要尽力保护自己的“自我”。

question two

问题二：我有何特别？

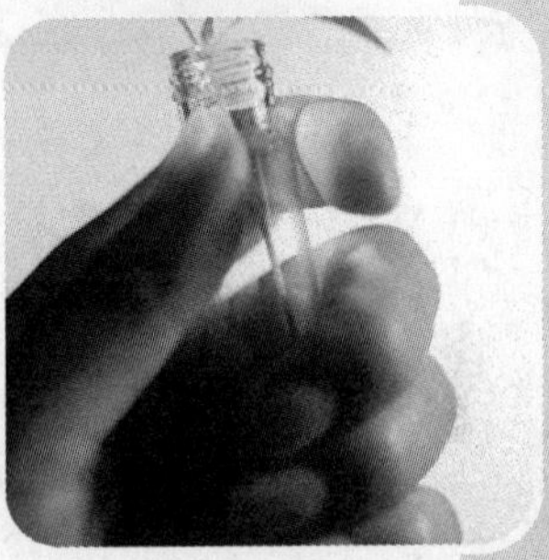

※个人定律※

人的自然才能总是化为清晰可辨的身份，正是这样的身份使他独一无二。

我们并不处于束手无策的境地。我们已经有了才能、才干、方向、使命和天职。

——亚伯拉罕·马斯洛[①]

① 亚伯拉罕·马斯洛（Abraham Maslow，1908～1970），美国人本主义心理学家，以需求层次理论（Need—hierarchy theory）闻名于世。

※卡伦的故事※

知道自己活着，是一回事；认定自己是怎样一个人，并据此过活，完全是另外一回事。填平两者间存在的鸿沟，意味着满足与他人融洽相处的需求。

多数人都希望同人融洽相处，这样做，有时是自觉的，有时是无意的。无论是在办公室，在运动场，还在宴会上，觉得自己仿佛是周围环境的自自然然的一部分，这会给你一种强烈的安全感。下列都是经验之谈："人人为我，我为人人"；"众人拾柴火焰高"；"是会员就享有特权"。不管怎么说，融洽相处会使人人受益。或许这是成群结队、获得保护甚至延续生命的原始需要。

我们需要同他人融洽相处的这种需要包含了一个有趣的悖论：**与别人雷同，使我独一无二**。在某些人的眼中，只有与他人融洽相处，才是最重要的事情，即使这样做意味着否定你的独特性。

卡伦（Karen）的情形就是这样。她原先是我的老师，后来是我的朋友。尽管卡伦身上有着使她鹤立鸡群的品性，但她似乎最为关心的，还是如何同他人融洽相处。她以不同的方式表达这份需要，包括极端渴望被文学圈内的朋友接纳，包括在餐厅里迫使自己点些自己最不喜爱的菜肴，因为她觉得这样的菜肴会跟别人点的完全一样。

卡伦是在纽约市的一个非常不起眼的公寓里长大的，家里没有什么钱，也没有什么华丽的家具。她所拥有的，只是哈得逊河的美景。从她童年开始，这美景就捕获了她的想象力。

卡伦是在一个音乐世家成长成人的。她爸爸是声乐教师，也是专业的歌剧歌手。尽管生性严肃，他还是把这个行当的从业技巧传授给了女儿。卡伦终于举办了自己的音乐会，虽然音乐会的规模不大，前来参加音乐会的人屈指可数，但他们都是有鉴赏力的朋友。

卡伦读大学时主修法国文学。无论是法语还是英语，她都能读、能写和能说。结婚后，卡伦做了法语代课教师，挣些零钱。我就是在这个过程中认识她的。

接受过正式的法语训练，又出身于专业的音乐世家，卡伦似乎是个文化高超、修养良好之人。尽管她功成名就，但我记得她有些神经质；因为某些缘故，她内心深处总是忐忑不安。现在回想起来，她接受颇具教养的生活方式，似乎只是为了达到实用的目的，而不是出于内心的真诚之需。

在代课的学校里，卡伦开始教年轻的西班牙人和亚洲人说英语，以之作为第二语言。很快地，她开始以此为题撰写朴素的著作。这样做，她开始有所变化；她几乎以令人瞩目的速度，进入了全盛期。

作为一个歌手，她有时举止傲慢；作为一个法语教师，她又戴上了过于文雅的面具。与这两种态度不同，当她捧着刚刚出版的著作，送给朋友阅读时，她就像一颗钻石一样闪射出耀眼的光芒。对于出版著作这件事，她眼中流露出来的惊奇，几乎难以掩饰。有时我会注视她辅导年轻人学习时的神情，那时，她的面部肌肉非常放松，一副怡然自得的样子。在我面前，她自尊自大的所有痕迹均告销声匿迹。在这些场景中，她显现出来的生命的轻盈，暴露出她对某些事情的挚爱之情。与她接受的正统教育相比，这种挚爱之情几乎是无法看见的。

确切说来，卡伦究竟喜爱什么？是父亲给她指定的音乐？也许吧，但我相信她最挚爱的只是她内心涌动的创造性气质。是她特别擅长的法语？当然是，但她喜欢法语的程度，远不及外国文化所代表的神秘之物与发现机遇。

如果卡伦还喜爱别的什么东西的话，那就要算她小时候透过自家公寓的窗口看到的那条河。她喜爱这条河，不仅因为记忆中这条河的波光粼粼构成了一道美景，还因为这条河告诉了她透视的力量，告诉了她从不同角度——从不同人的视角——审视事物所带来的欢乐。

卡伦从来没在自己身上看到我在她身上看到的东西。我也从来没有找到机会，在她去世之前，与她分享我的洞视。但我知道，我的朋友有时候会尽情沉浸在自己的喜悦之中，比如在成为儿童读物作者的时候，比如在她拨动某个九岁孩子的知识心弦的时候。这微弱地填平了理解的鸿沟，而不仅是语言的鸿沟。在那些时候，卡伦一头扎进了她最心爱的小溪，这些小溪汇成河流，而这河流构成了她的身份。

我现在想起卡伦来，有一件事情令我感到欣慰。如果我的朋友当初就认识到并认可她真心喜爱的那些事物，而不是认可她被迫接受和努力提高的技能，我确信，她纵容地追寻真诚的欢娱。正是真诚的欢娱，使她独一无二，并感到由衷的快乐。

※获得信念和明晰※

什么使我独一无二？小时候，这个问题就已经驻留我们心中。那时，我们开始与他人构成某种关系，这种关系使我们走向朋党、会所、公司或其他团体。如果想被接纳，我们就必须服从别人的规定。而且，我们越是屈从于这种被人接纳的压力，这个问题就越是撞击我们的心扉：**我的独特之处在哪里？**于是我们翻箱倒柜，逐个打开那些控制我们人生发展的抽屉，寻找问题的答案。我们分析自己的工作，想弄明白：我们是否要用某种谋生的职业来界定自己？这个空间释放出来的可能性是无穷的：**我是天才设计师，这使我独一无二；我是资深银行家，我的影响力独一无二；做一个成功的航班服务员，终于使我成了"我"。**可不幸的是，这些答案很少令人踌躇满志。

我们继续审视自己的业余爱好，审视我们从事的体育活动，审视我们信奉的宗教，审视我们加入的会所。答案都并不在那里。

我们错过了真正需要审视的那个"抽屉"——爱好。找到你真正爱好的事物，你会发现，你与答案不期而遇了。

你真的拥有独特之处

※发现你的爱好※

要知道，你有希望获得明晰与信念。这要求你**发现你的爱好，**

即做些必要的挖掘工作，看清隐藏你日常生活下面的东西，理解你自己的某些方面，理解你的至爱。

你怎么知道你是否已经发现了宝藏？如果发现了宝藏，其迹象是一目了然的。你会感觉到，你的血压在升高。你的脑内啡[①]产生的情绪效应，与著名长跑健将产生的情绪效应完全一样。你会深呼吸。在那个时刻，你会感到刻骨铭心的惬意。

喜爱，其方式多种多样，其意义丰富多彩，这些方式和意义都能融入我们的人生。有时我们漫不经心地说到喜爱，比如我们说“我喜爱那部电影”，或者会说“我喜爱某些食物”。有时我们提到喜爱，却意味深长，比如我们谈到，我们喜爱某些人，这些人包括父母，也包括朋友。不过，我在这里所谓的喜爱与上面的喜爱截然不同。它事关你需要亲自表达出来的东西。你只有亲自表达出这些东西，你的人生才会充满乐趣。喜爱与发现激情有关。正是激情，决定了你的身份。

什么使我独一无二？这个问题的答案承载着希望。不过，尽管这个问题的答案承载着希望，在前行的道路上，你可能依然会战战兢兢，不知所措。你会这样想，你发现的东西与你用以谋生的东西并不一致。你发现的东西，与他人对你是怎样一个人的看法，可能并不吻合。或许你感到焦虑，因为你不知道如何处置你所发现的东西。承认你很害怕，并继续前行。不要怯于观察。想不喜爱你发现

① 脑内啡（endorphin），亦称安多芬或内啡肽，是一种内成性（脑下垂体分泌）的类吗啡生物化学合成物激素。它是脑下垂体和脊椎动物的丘脑下部分泌出来的氨基化合物（肽）。它能与吗啡受体结合，产生欣快感。

的东西，都是不可能的。那些宝藏是你灵魂的宝石。

停止怀疑

多数人认为他们对自己一清二楚。如果有人要求我们做个自我介绍，我们会立即说出自己身上最明显的特质，从身体素质到社会实力，从天赐的才干到习得的兴趣，从容不迫，一一娓娓道来。我们总是觉得，我们对自己了如指掌，并把这看成是理所当然之事，这是不值得大惊小怪的。无论你是13岁、30岁还是70岁，你一直努力在世界上前行，知道什么对你有用，什么对你无用。你看到了自己的进展，渐渐地了解了自己，至少你是这样认为的。

不过，在你日常生活的下面，掩藏着你自己的某些方面，掩藏着你的才能，而你对此一无所知。当然，这些才能就像能够决定地壳运动的构造板块，掌握着理解下列问题的关键：什么令你独一无二？你其实拥有不为人所知的才能，这么说可能令你大吃一惊。它可能令你拒绝接受这种可能性。你并不完全了解自己的所有方面。这样说，可能会使你愤愤不平，但愤愤不平无法改变事实。

喜爱与发现激情有关，正是激情，决定了你的身份

掘地三尺，找出你的所爱，这要求你停止怀疑。你要允许自己思考下列问题：或许你有些事情，你有些看不见的品性，你自己并不知道，而那些品性对于构成你的身份而言，是必不可少的。之所以这么说，是因为，你看不见并不意味它们就不存在。接受这一点吧：你不可能立即知道答案。意识到这一点吧：你人生中的事件和行动具有多重内含，而在很长的时间内，这些内含都不为人所见。

承认你无法马上获知这些答案，就会使你免除这样的感觉——仿佛你应该知道这些答案似的。你可能会想，**无论如何，我也算个明白人，也活了半把子岁数，可以提出这个问题了。我怎么会不知道这些问题的答案？**停止怀疑，会使你得到解脱。允许自己探索，振翅高飞。

要搞清楚，你最喜欢做什么

在追求那些特殊的喜悦时（正是这些喜悦透露了你身份的消息），注意那些令你心荡神驰的东西。它们与你的日常活动或许一致，或许不一致。这些日常活动包括职业、业余爱好、体育运动、与特定朋友的例行聚会。你究竟喜爱什么？要解答这个问题，最佳线索通常来自貌似最不可能之时，比如，当你坐在三万英尺高的飞机上凝视窗外时，或者，当某棵特定树木的颜色捕获并控制了你的注意力，并令你暂时不知身处何方之时。让自己的思想开开小差，可以使你获得重要的洞视，而这样的洞视隐藏在你的日常生活之下。

停止怀疑，会使你得到解脱

不要判断你的感觉是对是错，不要判断那个时刻是重如泰山还是轻如鸿毛。相信自己的感觉。为什么这种体验吸引了你？你从中得到了什么？它是如何让你产生这种感觉的？层层剥笋般地剥开你的日常事务，逐一寻找答案，这才是揭示那些使你变得独一无二的因素的坦途。

记得十几岁时，我有一次步行去学校，途经一棵古老的枫树，它比其他树木都要高大。我早就知道这棵树了，似乎也永远都在赞叹它的美丽。与往常一样，那天我瞥了它一眼。我的目光落到了树干上，它的直径接近两英尺。枫树周围的一切似乎都消失了。遮蔽了树根的蕨类植物，树干四周的众多小树，都消失得一干二净。我的目光落到了覆盖树干的树皮上。随着我把目光移向树皮，我被树干组成的粗糙图案深深吸引。在此之前，在我眼里，它不过是灰褐色的外壳而已，现在却突然变成了平滑的凹槽，显现为小巧玲珑的溪流，汇集成了精美的织品，由磨研红、深黄色和青苔绿点缀在一起。在那一顷刻，我发现，树皮上的图案比树本身还要美丽。

我今天依然记得那个时刻。不过，我记得那个时刻，不是因为那棵枫树展示了它的微观世界，而是因为它以形象的方式、自然的形式唤醒了我，让我知道，我对于人生，有着无法满足的好奇心。我与那棵树的相遇，是一个重要的启示，它让我明白，究竟是什么东西使我成了我；它还是解答下列问题的一个线索：**我究竟喜爱什么？**

我们习惯于记住那些使我们的人生意味深长的外部事件与经历，但同样重要的是（或许更为重要的是），我们还要确认赋予人生以意义的内在经验。这样做，有助于使我们的人生更加易于理解。换句话说，把握振奋人心的时刻，是赋予我们的人生以**内在**结构的方式，正如外部事件提供外在结构一样。我们正是依靠这样的外在结构驾驭我们的人生的。把**内在**结构视作基本框架的一部分吧，你要想知道你是怎样一个人，就离不开这样的基本框架。

依靠自己去界定自己的激情

你比任何人都了解自己。因此，也只能由你来负责你的未来。铭记这份责任感，会引导你在自己身上投入更多的精力，无论你做的是什么。你会更加审慎地做出选择。诚实些，你会睡得更加踏实。

不过，收集他人对你的看法（他人对你的才能、技能和智能的看法），会使你指导自己前行的努力更有成效。倾听他人的见解，是检测你对自己的感觉是否正确的有效方式。你不是在寻求答案。你是在寻求**线索**，寻求关于“你是怎样一个人，你不是怎样一个人”的重要线索。

不幸的是，我的朋友卡伦过于认真地倾听了他人的看法。我记得曾和卡伦多次畅谈，交谈时，她总会说，有多少次，她爸爸总是“告诉”她，她擅长些什么。她爸爸说她是个歌手，是个学者，修养不错。卡伦年幼时就已经开始接收这些信息了。每当她要求她的密友对此发表看法时，他们总是千篇一律地重复着她爸爸（有时还有她妈妈）对她讲过的话，当然这些话都是他们听说的。所有的朋友都是这样做的，只有一个朋友例外。

把握振奋人心的时刻，是赋予我们的人生以内在结构的方式

卡伦上大学时，她遇到一个名叫吉娜（Gina）的女士。与卡伦羞怯、谦让的性格截然不同，吉娜具有一望便知的独立性情。她坦率，顽强。她常开怀大笑。卡伦和吉娜成了非常要好的朋友。我猜，她们之所以成了要好的朋友，只是因为她们性情相去甚远。

正是吉娜看穿了卡伦程序化的外表，也洞悉了她内心的秘密。她用甜言蜜语哄骗卡伦，强制卡伦认识自己。她们一起上课，包括历史课和创作课。正是通过这些活动，吉娜目睹了卡伦的“另一面”：她对学习其他文化的爱好，以及她以栩栩如生、令人难忘的散文进行写作的禀赋。

吉娜从来都是毫无犹豫地向她的朋友指出这些特点。一方面，卡伦得到了夸赞，真的被朋友的观察所感动；另一方面，她也有些忐忑不安。这些特点与她的自我形象并不相符，与小时候父母等人告诉她的也不一致。但是吉娜的观察是准确的。

还要再过 20 年，卡伦才会对她朋友提供的重要线索做出回应，才会把这些线索谨记在心，并围绕着她心爱的教学和写作，重塑自己的人生。

出于一片好心，他人纷纷献计献策，说你真正擅长做这个、干那个。然后，他们又说你要珍惜自己的人生，应该或不应该做这个、干那个。举例说吧，刚刚开始时，由父母（或他们的人生）暗示给我们的职业生涯会深深吸引我们，这不值得大惊小怪。从父母那里寻找有关我们身份的线索，再自然不过了。而且，事实上，还真有些来自血缘的东西值得我们学习，这血缘是由生物体提供的。不过话说回来，血缘自有其局限。血缘只是起点，不是终点。你父母把数代人的精华融为独一无二的生命，那就是你，因而有益于你身份的形成。此外，了解你，抚养你，是你父母的职责。

要想发现你的所爱，就必须咬住青山不放松。你最初学到的东西，可能只是冰山的一角。就说我吧，当我后来面对那棵巨大的枫树时，我站了好长一段时间才弄明白，那棵树上究竟有什么东西在向我发出呼唤。呼唤我的，是由颜色、角度和树皮上的裂纹组成的世界。那棵枫树上的东西，远远多于我初次看到的。与你最初看到的相比，总有更多的东西摆在你的面前。

了解你，抚养你，是你父母的职责

如果你在自己身上看到了令人陶醉、清新异常的力量和激情，你就会知道，究竟是什么东西令你独一无二。令你独一无二的，可能不过是三四种才能，但它们都是你需要的。它们构成了我先前提到过的你人生的“内在结构”。它们是你身份的根基。

奠定这个根基是对你的奖赏，因为你发现了你喜爱的事物。只有你才能立足于这个根基，意识到下列一点并断然宣布：**我是独一无二的。**

※练习：发现※

下列练习是身份图绘过程的第二部分。它们会帮你**学习如何找**

到自己的喜爱，从而使你明白，究竟是什么东西使你独一无二的。设计这些练习的目的，就是或直接或间接地回应本章介绍的不同步骤。在某些情况下，它们可能超乎本章提供的例证。

1. **说出你的"喜爱"之物，还有你喜欢做的事情**（比如滑雪、登山、烹饪、唱歌、接近大自然、骑马、跳舞、造园、集邮）。它们都是些什么，究竟有多少种，这些都很重要。将之一一列出。

2. **对于你列出的每一种事物或活动，都要问一个为什么**。为什么这些事物或活动对你意味深长？这种事物或活动激发了怎样的情感？对于每一个答案，接着再问"为什么"。为什么这种情感对你而言十分重要？（这些问题都是关于**为什么的!**）在每一种活动或经验的下面，列一个详细的答案清单。

3. **寻求帮助**。如果你尊重某人的看法，请他帮你解答那些**为什么**。使自己摆脱自己面临的挑战，或者让自己走出困境，实在易如反掌。你内心深处保存着大量的无意识知识（unconscious knowledge），等你激活。找一个人，让他当你的伙伴，或让他指导、帮助你聚精会神地思考问题。

4. **寻找相似点**。一栏一栏地审视所列清单，圈起相同的字眼，或意义相仿的字眼。甚至可以考虑那些表述虽然不同但观念类似的单词、术语（关键词），比如**惊奇**、**发现**、**秘密**之类，不妨把它们也圈起来。

5. **明确主旨。**画一条线，把你列出的各种关键词连接起来。按照清单，依次进行。（并非所有清单都包含关键词。）不同的连接表达了不同的观念，某些主旨与某些观念极为相符，现在就界定这些主旨。主旨可能是跨越不同清单的主导性词语，也可能是由你圈定的关键词或术语暗指的其他词语。以图表的形式，用浓笔写下这些主旨。帮助你阐明你的爱好的，正是这些主旨。

question three

问题三：我的人生有模式吗？

※恒常定律※

身份是固定的，是不受时间和地点制约的，但身份的外在形式却总在变化。

人生即变化，
人生即变迁。
我投身其间：
永远变化万端。

——马丁·布伯[1]

---

① 马丁·布伯（Martin Buber，1878～1965），奥地利－以色列－犹太哲学家、翻译家、教育家，主要研究宗教有神论，在社会心理学、社会哲学和宗教存在主义领域具有巨大影响力。

※乔治的故事※

在我们还小的时候，图式就已经捕获我们的想象力，影响我们的人生。作为婴儿，看上去五彩缤纷的图式常常令我们陶醉。后来，我们玩圆点连线的游戏，以此自娱自乐[①]：我们找到了动物（鸟、大象和长颈鹿），找到了风景，找到了人，它们都躲藏在书本里面，而书本总是包含了视觉性的秘密。

随着时光日渐消逝，随着人生日益沉重，我们做出的决定（在学校里上什么课，毕业后选择什么样的工作、体育运动和业余爱好），也成了我们人生的“圆点”。如果我们知道了由这些“圆点”构成的图式，并破解其中的消息，我们可谓三生有幸矣。那样我们就能更多地理解我们是怎样的人，我们喜爱什么，我们可能从事何种职业，甚至我们可能结成何种关系。

多数人是不幸的。他们没有看到隐含在自己丰富人生阅历中的图式。或者他们相信，等你发现的唯一图式是消极的，比如结了离、离了结的婚姻，或者暴饮暴食、一掷千金。这样的消极行为图式可能是存在的，但它们并不能告诉你，你是怎样一个人。

实际上，不少人相信，人生根本没有什么图式可言，人生都是由偶然的事件组成的，辞掉工作，再找工作，走出一个地方，走进另一个地方，有时鸿运当头，有时自认倒霉。对于这些人来说，自

① 圆点连线，孩子们经常玩耍的纸质游戏。有人现在把这个游戏做成了软件，也有不少网站提供空间，供儿童娱乐。

由选择和自由意志支配一切。这些人注定不觉不晓、糊里糊涂，注定错失良辰美景。当然错失的是他们自己的良辰美景。

不过有些人真的非常幸运，他们及时搞清了自己的图式。我的朋友乔治（George）就是其中之一。

乔治 29 岁之前做过三种不同的工作。第一个工作，是出任地方艺术机构的商务经理，干了一年，他辞职了。另外两个，是被人家辞退的：其中之一是分销店的采购助理，干了六个月；另一个是市场调查公司的项目总监。

多数人没有看到隐含在自己丰富人生阅历中的图式

乔治不寒而栗，茫然若失。在我的迫切要求下，他决定冷静反思他到目前为止的所作所为。我们谁都不了解这种反思究竟意味着什么，也不知道这种反思将导致怎样的结果。但我们都觉得，做这项练习，对他没有什么害处。

正如乔治在几个星期之后向我描述的那样，他所谓的神灵显现（epiphany）形成于旧金山中心一家普普通通的咖啡馆。他想应聘一家鞋业公司的销售专员之职，那天早早来到这里，等待求职面试，消磨时光。

我的朋友坐在高背座上，从记事本上撕下一片纸来，用了一个小时左右的时间，记下了特别值得纪念的经历，还有他觉得应该算是里程碑之类的东西，虽然那时他依然年轻。

沉浸在记忆里，乔治最先想起的是，小学二年级时，他曾用黏土捏出一头熊来。他继续回忆着，包括十几岁时他喜爱黑白摄影，包括读高中时他因为爱写散文和诗歌而获得了创作奖。他很快在自己的记忆里找到了他对具有古典风味的弗拉门戈吉他（flamenco guitar）的喜爱，他从八岁起，就琢磨和练习这种吉他了。此外，乔治想起了他对武术的热爱，特别是对他学过的招式复杂、编制精巧的武术的热爱，这些武术在他读大学时令他显赫一时。他甚至承认，他曾经陶醉在调研世界里，但不得不因为全员解聘而与那个世界分道扬镳。

他觉得自己列出的清单是完整的，于是为设法回忆起来的各个里程碑配置不同的图像。例如，他给自己最近从事的那份调研工作，画了一个财宝箱，表示发现。毫不奇怪的是，他给摄影画了个照相机，给自己对武术的爱好画了个表演空手道的人物。他画了一个吉他，表示音乐，画了一根羽毛，表示写作。对于二年级时捏出的塑像，他尽可能地使之接近实物：一个树杈上悬着一块木板，两头熊栖息在上面。

乔治的人生有六个生死攸关的方面，现在这六个方面摆在了他的面前。表面看来，这六个因素毫无相干。他拿起铅笔，在六个图像之间画了条线，把它们连在一起，这构成了一个不规则的椭圆。正如乔治所言，他端详着那个椭圆，琢磨它的意味，仿佛过了一整天。然后，他拿起体铅笔，在那个椭圆的中间，毅然写下了一个单词——**创造性**。

乔治把手指放在上面，他意识到，这是他人生里不变的常量。那条连线把众多因素缝成了一块的启人深思的挂毯。这些表面看来相当随意的经历，突显出他对所有创造性活动的一目了然、无可否认的喜爱。的确，这是对创造行为本身的喜爱。

乔治的心在怦怦乱跳。正如他后来向我解释的那样，他在做销售和做艺术管理员时，做得一败涂地，这不足为奇。两者都没有唤醒他的创造性动力。他记得不同的雇主都曾经告诉过他，只有服装设计师和表演艺术家才有创造性可言，与业务经理根本不沾边。

最终乔治没有去那家鞋业公司参加面试。他打了个电话过去，取消了约会。我想，在那天剩余的时间里，甚至在以后的许多天和许多周里，乔治都会沉浸在他对自己的发现里。

20 年过去了，乔治现在是一家调研公司的合伙人，那家公司就是他帮着创建的。该公司被认为是美国西岸最具创造力的机构之一。

他喜爱所有具有创造性的活动，他真的喜爱创造性行为

※寻找人生秩序※

我们的人生隐含着某种图式，我们发现了这个图式，就会透彻地了解自己。但就此而言，追问究竟是何种图式，依然会使我们忐忑不安。它令我们闷闷不乐。

一方面，我们可能在自己身上看到一些充满生机、强劲有力的东西。这种图式可能是在 60 岁或 16 岁时确立的，只要发现了它，它就能提供可靠的向导，指引我们改善人生的质量。

另一方面，一旦弄清了这个秘密，我们可能会担心，自己发现的是巨大的、不可逆转的、破坏性的错误，当然还有众多微不足道的点缀着每个人的人生的小错误。于是，我们不去发现。我们表现得更像鸵鸟，深深把头埋进沙堆。我们宁愿不知不晓。

即使我们费尽九牛二虎之力，也无法消除图式，或者改变其本来面目。至少两种结果都是可能的——或者是“好”的结果，或者是“坏”的结果。发现你人生中蕴含的图式，意味着分清良莠、择优汰劣。我们全都可能有这两种结果。实际上，你正在寻找的图式，要么是积极的，要么是消极的。图式就是图式。你从自己的错误或成功中学到是有价值的东西，而不是那些经历本身。

寻找你人生中蕴含的图式，就是寻找对你而言始终都是正确的道路。看到这条道路，能导致众多结果：转工、转学、结婚、离婚、交新朋友、弃旧朋友、皈依新教，或者只是对迄今为止你选择的道路，再次表示肯定和祝贺。

寻找你人生中蕴含的图式，就是寻找对你而言始终都是正确的道路

在这个过程中，变化未必意味着抛弃你的重要组成部分，认识到这一点是令人鼓舞的。有时候，被你视作变化的东西，根本就没有任何变化可言，它只是依旧重复你已有的经历而已。

在变化与不变必然相遇的十字路口，接受你的身份，会使你活得更舒适。你在此处于“变化”的位置上，但“变化”的基础是不变的。你可以测试信心，可以检测自己，可以大展宏图，同时你也知道，你的身份会阻止你踏上歧途。

在寻找你的图式时，你不仅是在发现，而且也是在创造你的人生故事。在某种程度上，这样的故事有助于确保“幸福的结局”。

我的人生是否存在图式？这个问题的答案还会带来令人愉快的希望，即，你的人生既有秩序，也有意义。坦白地说，这样做，你并没有浪费多少时间。你的努力（既包括成功也包括失败）必有结果。要想知道你是怎样一个人，这样的结果既是必不可少的，也是富有启示意义的。

你可能会产生各种不安的感觉，但最不安的感觉是漂浮不定，仿佛你在风大浪急的海面上迷失了方向，同时暗礁重重，会使航行变得捉摸不定。我见过许多人，表面上看，他们的人生优雅有序，但水面之下却混浊不堪。他们的履历表明，他们从事过太多的职业。或许，除了每周到手的薪水，他们正在从事的职业乏善可陈，可谓苦海无边、空洞乏味。用他们自己的话说，他们与配偶、伙伴的关系“起伏不定”。或许他们羡慕自家孩子的时尚人生，他们相信，孩子的时尚人生比他们的人生更有希望。

秩序似乎一直在躲避他们。他们感觉不到事物是如何完美地组合在一起的，感觉不到人生的片断是如何渗透着和谐感的，无论这些人生片断是怎样的南辕北辙，存在着怎样的云泥之别。

没有秩序，就不可能在人生中发现意义。有人断言，他们并不关心人生是否有意义。他们说，只要金钱在手，或者只要时间充裕，他们心中就会快乐无比。对他们而言，“意义”一词过于宏大，高深莫测。太多的时间已经悄然而逝。私下里，他们可能觉得，怀揣着希望去寻找意义，只有一个结果：最终一无所获，只是感到失望。其实他们大错特错。

没有秩序，就不可能在人生中发现意义

和秩序一样，意义也是每个人的人生中所固有的。意义并非某种博大精深的观念，只适用于端坐山顶苦思冥想的哲学大师。其实，说你的人生有意义，这样的想法是极其明了的。它指的是你作为人类之一所具有的内在价值，即这样的事实：你在这个世界上有价值，这只是在此生存的必然果实。找到你的人生图式，就既能揭示秩序，又能揭示意义。一旦发现了人生的图式，你就可以说，**我现在终于省悟了。**

※解释过去，预示未来※

你只有知道寻找什么和如何寻找，才能看见你的人生蕴含的图式。需要做哪些事情？发现你人生中的图式，其方法就是**圆点连线，使之既能解释过去，又能预示未来。**

在寻找你的图式时，要牢记一个有益的类比，那就是，众多星座把夜空转化成了故事。点缀夜空的数百万星星只凭自身的魅力，就足以令人如醉如痴。它们激起了很多感觉，包括谦卑（与浩瀚太空相比我们是何等的渺小），还包括浪漫。同样的道理，丰富的阅历构成了我们的人生，这同样令人难以忘怀——它是那样的丰富、多变和辽阔。

把某些星星连接起来，你会在浩瀚的星海中突然发现星座。每个星座都有自己的图式，每个图式都有自己的主题。似乎由众多星星随机织成的无穷无尽的挂毯的夜空，突然间产生了更加严密的秩序和更加深刻的意义。

试想那个著名的猎户星座的图式。很早以前，有人就用猎户星座预言四季的变迁。猎户星座在半夜升起，表示葡萄丰收在望；在清晨升起，表明夏季即将来临；在傍晚升起，说明冬季即将开始。猎户星座一直被视作猎手，它能够嗅出四季的变迁。这或许是它最显著的作用。但有一个强劲有力的主题隐藏在这个故事之下，这个主题便是**导引**。

这也是你正在寻找的，即一个主题，它是有关你身份的故事的一部分。在你前瞻和回首时，它将帮助正确看待自己的人生。

牢记自己的成就

在寻找你的人生图式时，让你的成就照亮前行之路。你的成就事关你的奉献。成就在下列方面具有启示意义：对你来说，什么才是重要的？你喜爱什么？你的激情真正表现在哪些方面？就下列一点而言，成就是生死攸关的指针：在这个世界上，你如何才能异于常人？一方面，这样的想法常常被当成犬儒主义，有时甚至被视为消极避世；另一方面，在社会上多多创造，如此欲望已经固化到每个人的心中。

为了觉得自己依然活着，甚至为了觉得自己尚属人类，我们全都需要体验自己的成就。成就使我们觉得自己的人生美好，进而延长自己的寿命。你的成就可能巨大，可能渺小，可能熠熠生辉，可能黯然失色。成就包括近期的工作业绩、儿时的学习成绩（想来令人温馨）、重要体育赛事的成功、持久的业余爱好、获得的奖项、发表的诗歌、对于患病家人或朋友的照料、社区活动，以及许多令你觉得自己雄风依旧的经历。看重在不同年龄段取得的成就，然后给自己的人生描绘一个全景。

如同回忆你一生中不同阶段的不同经历一样，注意多样性。你的世界的轴心可能是体育、商务或者其他领域，它们给你提供了重心。当然，考虑你在这个特定领域取得的业绩十分重要，但不要以此限制自己的搜寻范围。迫使自己走出这个特殊的世界，去认可你在其他人生领域中的成功和收获。记住，你正在搜寻的图式可以表明，作为一个完整的人，你究竟是怎样一个人。

评估自己的失利

在几乎每个需要倾注心血的领域，我们都被告知，我们从失误中学到的东西，多于从成功中学到的东西。当然，面对失误可能会感到痛苦，特别是面对那些让我们付出了高昂代价的失误，更是如此。这样的失误包括厄运当头的工作、选择不当的伙计或朋友，加入昂贵的乡村俱乐部、流行的兄弟会或妇女联谊会，却发现与之格格不入。

让你的成就照亮前行之路

但是，失利通常会为你正在寻找的图式提供宝贵的线索。我的朋友乔治连续两次失去工作，他为此蒙羞，但他最终明白了，那样的工作无法展示其创造性，而只有展示其创造性，才是快乐之源。在此之后，乔治的失败感一扫而光。一瞬间，我的朋友看到了他的失利所遵循的“逻辑”。他理解了失利的原因，知道自己本不该从事那样的工作。随着乔治理解了自己的经历，他呼吸得更加顺畅了。他原谅了自己的失误。他甚至为此深感庆幸，因为有人“帮助”他明白，对他而言哪些东西才举足轻重，哪些东西无足轻重。

我们任何人都不是完美无缺的。有时，即使用心无可非议（为的是收入、友谊、社会地位、家庭认可），我们还是会误入歧途。不过，有一枚硬币叫失败。在这枚硬币的另一面，有我们可以用来自我矫正的信息，它提供这样的知识——我们究竟擅长什么，而这样的知识会给我们指出前行的方向。

圆点连线

我们常常把时间化整为零，以便管理自己的事务（工作、上学、家庭、朋友、社会交往、业余爱好、体育运动）。但归根结底，我们都是不容分割的完整的个人。作为人，我们的价值只能根据我们人生的整体性来评估。迫使自己把隐含在自己人生中的圆点连接起来，这是向你生命的整体性表示敬意的一种方式。

你的成就（大小不论），再加上对你的失利的透彻领悟，是发现你的人生图式的关键。想象着把这些经历组合成不同的小组。实际上，这些小组可以围绕着任何主题运行，只要这里的主题宽泛地描述了你所喜爱的事物：自然、发现、创造性、社区。但它们**不能**围绕着特定的职业运行，例如，不能围绕着商务、法律、体育、医药、木器、烹饪运行。你是怎样一个人？在这方面，你的人生图式展示了重要的洞察力。你只有获得这些洞察力，才有机会考虑，对于你的事业或职业而言，这些洞察力究竟意味着什么。

圆点连线，使之既能解释过去，又能预示未来，这既极具挑战意味，也令人赏心悦目。你是你自己的侦探。把你的困惑放在一起，你会发现其中的秘密。什么秘密？秘密就是，尽管你在自己的人生中多次转行（包括错误的转行，也包括正确的转行），但是，处于你的存在之核的"你是怎样一个人？"却从来不曾改变，总是处于稳固的状态，并随时准备被唤醒。

失利通常会为你正在寻找的图式提供宝贵的线索

揭示出你的人生蕴含的图式，你就会发现这个简单的真理：**我长大，我进化，但我并不变化。**

※练习：模式识别※

下列练习是身份图绘过程的第三部分。它们会帮你**圆点连线，使之既能解释过去，又能预示未来，从而找到你的人生图式**。设计这些练习的目的，就是或直接或间接地回应本章介绍的不同步骤。在某些情况下，它们可能超乎本章提供的例证。

1. **找出你最具纪念意义的成就**。这些成就可以是特定的经验，或者特定的经验领域（例如，荣获特定的创作奖，通常是短篇小说创作奖）。涵盖从童年至现在的所有时段。不必强迫自己，要相信自己的直觉。确保你的成绩多种多样，能够反映你人生的不同方面。为了明确哪个成就最重要，要以书面的形式回答下列问题：为什么每个成就对你来说都是意味深长的?

2. **描述一两项值得纪念的失利，以及你从中获得的积极教益（比如获知你从前不知道的力量或禀赋）**。在另外一种环境里，失利是如何帮助你获得重要的成就的?

3. **为每一项成就画一个简单图标或符号，以之表示这项成就**。（运用几何图形的理由是，我们基本上都是视觉动物。借助图形，我们更易于认同我们想要表达的观念。）把这些图标编成圆型或其他几何图形。再画一条线，把它们连接起来。

4. **写下渐渐浮现出来的主题**。找出能把所有这些成就连接起来的一个首要主题，并把这个主题写在你画出的图形中间。

5. **基于这个主题，记录隐含在你人生模式中的“故事”**。这

“故事”还能帮你解释过去的事件，帮你预示你的未来。用一句话写下那个故事的精髓。

question four

问题四：我要往哪里去？

※意志定律※

每个人都被迫创造与其身份一致的价值。

无论你生性如何，都不必改弦易辙。对上天所赐，永不言弃。禀苍天所赋，你必将成功；倘不如此，你将死无葬身之地。

——西德尼·史密斯[①]

---

① 西德尼·史密斯（Sydney Smith，1771～1845），英国牧师，创办了《爱丁堡评论》（*Edinburgh Review*），并为之撰稿，长达25年。语言机敏过人，令人过目不忘。

※特里的故事※

有时候，我们全都禁不住如此行事：如果任务过于艰巨，如果压力过于沉重，如果没有什么成功的机遇，我们就会拂袖而去。有时你面临的挑战是体力方面的，如快跑五英里或瘦身五磅。有时你面临的挑战是情绪方面的，如必须独自照料患病的家人（你的家人已经病入膏肓，看不到痊愈的希望）。有时候，你面临的挑战可能令你惴惴不安，比如你在内心深处感受到了求变的激情，你需要改变多年来倾尽全力从事的工作，以及从事这项工作的方式，但你并不知道这些激情究竟意味着什么。

有些人是这样做的——放弃。他们安慰自己说，那项任务过于艰巨，不值得为之努力。或者任务无法独立完成。于是他们放弃了快跑，大快朵颐。尽管感到不安，他们还是把家庭负担扔给了疗养院。对于那些毫无预警就浮上心头的骚乱，他们决不理睬。

有些人坦然面对。在他们看来，可以为之一战。他们是有福之人，特别是在内心深处激发了求变激情的人，尽管他们并不知道自己将走向何方。在满腹狐疑之中，他们决定坚守。不知何故，他们知道，他们将要走向的地方，强于他们曾经去过的地方。他们勇气可嘉，敢于承担个人转型必然带来的不确定性，因而是幸运的。

我的朋友特里（Terry）就是这样的有福之人。

无论从哪个方面说，特里都是一位成功人士。她过着物质优裕的日子。她矢志不移地嫁给一个男人，长达二十几年。她是一个十几岁儿子的母亲。儿子在学校应付自如，喜爱团体性运动，在社交方面展示出离奇的领导才干。此外，特里在一个受人尊敬的医疗保健机构的财务竞争中脱颖而出，成了那里的副总裁。

敢于承担个人转型必然带来的不确定性

不过我的朋友并不怎么开心。尽管她似乎过上了“物质优裕的日子”，但一点也高兴不起来。特里获得成功的动力，很大一部分来自她童年时受过的训练。出于一片好心，父母一直坚持让她从事商务活动，以此作为职业。尽管特里拥有与此全然不同的兴趣和技能，但她不能接受其他的职业。她的父母相信，要想确保女儿拥有独立生活的能力，接受传统的职业是唯一的出路，不论命运最终的结局如何。

现在，几十年过去了，特里决定反省自己的人生。连绵的阵痛已经扎根于她的心底，她越来越无法忍受。她要从这份痛苦中解脱，这已经成为压抑不住的冲动。

在我的鼓励和指导下，特里做了艰苦的发现工作，明白了自己的爱好。她首先要确认，在她的人生中，有什么东西曾经令她如醉如痴。她深深为之吸引的，包括骑马、跳舞、历史、旅行、园艺和自然。为什么上述事物对她而言这么重要？我的朋友在解答了上述问题后，终于理解了这些兴趣所代表的特殊能力：对运动、成长和发现充满激情，对自由和纯洁充满热爱。从表面看，这些品质似乎很少涉及财务管理，而财务管理恰恰是她投身其间长达20多年的职业。

在随后的几个月里，特里的情绪大起大落，从得意洋洋变为大失所望。她看自己，比以前看得更清晰了。当然，她丝毫都不知道，自己的新发现有什么用处。辞去工作并重新评价一切？或者原地踏步，假装她的新发现对她的日常生活没有丝毫影响？

特里向我承认，有天晚上，日甚一日的骚动不安终于给家人带来了麻烦：她起伏不定的情绪，使她严厉斥责丈夫，有时甚至不放过儿子。她纳闷，难道自己的努力毫无价值？她了解自己，觉得自己前程远大，可以更进一步，过上更加脚踏实地的人生。在这方面，特里缺乏自信，不知道下一步该怎么办。

几周过后，在某个周日的早晨，我接到了朋友的电话。她的嗓音异乎寻常的平静。她告诉我，昨天晚上她做了一个梦，她想与我分享。下午我们见了面。特里从口袋里掏出一张皱皱巴巴的纸，上面潦草地记录着这个梦。下面的一幕是她描述出来的。

那是一天的早晨。她站在河边一块凸出的陆地上，陆地的背后是平原。她的眼睛跨过水面，直视对岸。她猜想，她离对岸至少有半英里远，那里覆盖着令人眼花缭乱的植被。

尽管相距甚远，她还是能够看清各种树木、植物和花朵。其中有很多，她都认识。但还有一些，她显然从未见过。其综合效应相当惊人。正如她亲眼所见，她觉得，仿佛春秋两季，不知何故变成了一个季节，同时创造了众多新型的植物生态。她尽力看得仔细，以便看清这些令人吃惊的新的自然形态。

特里在讲述这个梦时，停了一会儿。她凝视窗外，避开了我的视线。过了几秒钟，她接着讲了下去。她一边专心地看着我，一边告诉我，她是如何地渴望抵达对岸。她觉得，仿佛她正在被拉向那里。出于某种费解的原因，她感到，她属于那里。她想分享覆盖那片土地的非凡赠物，但她寸步难离。她只能站在那里，一站似乎就是几个小时。

特里觉得自己瘫痪了，但又浑身充满活力。她意识到，她没有任何明确的途径去跨越水面，抵达对岸。不过，时间拖得越久，她越是渴望抵达对岸。她现在确信，她是有意要去那里的。

春秋两季，不知何故变成了一个季节

特里向我解释说，在梦中，她觉得压力已经大得无法忍受。她的心怦怦乱跳。她开始沉重地呼吸。突然间，她头昏脑涨，膝盖弯曲，晨光照进了暗夜。这时，她醒了。

我凝视着她，现在明白了，为什么我的朋友当天早晨给我打电话时，嗓音会异乎寻常的平静。特里的梦解释了她的意志：**开弓没有回头箭**。放弃她在自己身上发现的美景和力量，是不可思议的。不论要走多远才能“抵达对岸”，只要毅然前行，她一生中唯一的一次充分表现自己的机遇就在眼前。

※获得人生的信仰和坚韧※

我要走向何方？我们常常向自己提出这个问题，只是不怎么承认而已。多数人问自己，是因为经历了挫折，饱受了打击：他们想知道该怎么做，但并不真的清楚。我们在经过超市的过道时，我们在鸡尾酒会上闲聊时，我们在驱车上班时，我们在给孩子换尿布时，都在问自己这个问题。一如我们的所作所为，我们经历着两种截然不同的人生：一种是别人一望便知的人生（商店的收银员、可爱的陌生人、汽车上的邻座、怀抱中的孩子），一种是只有自己才知道的秘密人生（问题就出在这里）。把这两种人生协调起来，是许多人的梦想。

意志定律把我们带到了人生中无法坚守的阵地的边缘。究竟是什么使你独一无二？在找到这个问题的答案之后，你可能意识到（或许也是第一次意识到），在某种程度上，你的未来是可知的。你已经找到了你身份的萌芽，找到了那些特殊的品性，是它们告诉你，你究竟是怎样一个人。你已经发现了你的人生图式。本能地，你被迫充分地利用这些强劲有力的特性，不论导致怎样的结果。

一切尚未明了，只是你觉得自己眼前的道路是正确的，但你并不知道如何前进。设想一下你的身份是如何半途而废的：你对自己的透彻了解，足以使你信心十足，但你并不十分确切地知道，你的了解会把自己领向何方。

正是在这种自我强加的麻醉中，你面临着考验：你是否放弃（或者忽视）对自己的了解，像从前那样，浑浑噩噩走下去？或者，你是否接受你现在的不确定状态，坚信只要咬定青山就会大有斩获？相对于因为受挫而激发的恼怒情绪，面对**“我要走向何方?”**这个问题，也会带来信仰与坚韧的希望：相信你的发现之旅，相信你千方百计破译的密码，相信你自己。你的信念就是在严峻的考验中形成的。也正是在这场严峻的考验中，你会找到力量；你需要这份力量支撑自己，去反抗极度匮乏的可见性；极度匮乏的可见性，使你的未来乌云密布。

正是在这种自我强加的麻醉中，你面临着考验

你无法在自己内心，通过简单地扳一扳闸或按一按钮，找到我在这里所说的信念。你需要跨越鸿沟。正是这道鸿沟，把你的漂移不定、缺乏自信的自我与坚忍不拔、信心十足的自我隔离开来。有时候，这道鸿沟似乎是无法跨越的，尽管你也曾经努力跨越。它只能给你带来麻烦。

我不止一次跨越过这道鸿沟。最有纪念意义的一次经历，发生在我年近不惑之时。那时我正开办一个小型的咨询公司，名为“身份识别”。“身份识别”致力于把基于身份的思维带给机构。那时我已经离开了以前的雇主，一家非常成功的著名咨询公司；我之所以那样做，是因为我需要一定的空间去检验和发展我自己的想法：身份的意义究竟何在，它是如何影响机构和人的？

我的想法在很大程度上是以我过去几年间所做的工作为基础的。当时，这些想法充其量也只是稍具雏形。但它们拉我前行。我越把这些想法应用于我的工作，就越能发现这些想法具有的潜力。我需要空间。我需要一席之地去实施。

那是一条坎坷之路。在“身份识别”生存的四年间，我们成功地赢得了一些大公司的重要订单，这些公司包括世界上最大的铝业公司——美国铝公司（Alcoa），还有当时美国最大医药制造商——普强公司（Upjohn）。在我看来，这不仅是商业机遇，而且是实验

室。在那里，我开展了自己的身份实验。这些业务奠定了下列发现的基础：人的身份和机构的身份是如何依据身份定律运作的？当时还没有发现，只是到了若干年之后才想到，身份定律也是一套禀赋定律。

第四年时，我们接到了一个邀约，那是由一家英国的公司发出的。这家英国公司对于“身份识别”作业的方式怀有特殊的兴趣：我们作业的方式与众不同，比其他公司更加深入，提供的结果也更扎根于客户商务的结构之中。比如，非常典型的是，我们作业的内容不仅涉及客户是如何沟通与展示自身的，而且涉及它是如何培养首领、培训雇员和招募新人的。

几个月后，我们同意接单。在按计划即将最后定案的前一周，我接到了那家英国公司的财务经理的电话。他告诉我，他们的股票暴跌，已经无力支撑这宗买卖，交易戛然而止。

这个决定造成了巨大冲击，我们没有从中恢复过来。我们把赌注押错了，想成为一家实力雄厚的大型公司的一部分，现在彻底输掉了。“身份识别”没有幸存下来，我也失去了工作。我把生命里的四年时光花在了这家公司身上，想实验我的想法。后来证明，这些想法是我的身份理论的支柱。虽然如此，但我还是需要一份工作。

在随后的几个月里，我挣扎着维持原有的方向，不想彻底放弃我学到的东西。我接受了他人提供的首席职位，还在我的领域之内。我知道，我在做的事情很重要，值得赖以为生。彻底放弃我的身份工作，这是难以想象的。那样做，无异于自我背叛。

对我而言，那段时光甚是凄凉。我一会儿提心吊胆，因为没有收入；一会儿兴高采烈，因为在“身份识别”的旗帜下总算事业有成；一会儿对自己满腔怒火，因为我似乎浪费了自己生命里的四年时光，自私地全力创造一种咨询方式，而这种方式或许永远不为大众所接受。我从惴惴不安到豪气冲天，再从豪气冲天到惴惴不安，一天几十次地循环反复。身心疲惫成了我的家常便饭。

“身份识别”解体将近三个月后的某一天，就在我即将入睡之前，内心为之一震。我突然感受到了不确定性这一重负，恐惧洞穿了我的肺腑，就像雪山在三月阳光的照耀下迅速融化，露出了光秃秃的地面。我不会（也不能）离开自己的事业。我要开出一条路，携它前行，无论那是一条怎样的路。在那一时刻，我在自己身上看到了信心，没有它，我无法前行。我跨越了那道鸿沟。

“身份识别”没有幸存下来，我也失去了工作

几个星期之后，我应邀再次进入我以前的公司，在那里度过了另一个八年。我在那里运用我学到的东西，强化我的想法与实践，帮助我的客户渡过难关。

如何找到我在此所谓的信心？要想认识到信心所带来的信仰和坚韧的希望，方式就是**下定决心，踏上你的丰富学识显示出来的金光大道**。

※下定决心，踏上金光大道※

下定决心需要勇气。我们选择伴侣，选择我们在内心深处觉得适合于我们的人，但我们对未来一无所知，直到与其同居或宣誓结婚，即，直到下定决心之后，情形才会改观。一无所知的时候，勇气已经渗入我们的骨髓。同样的道理也适用于我们选择的工作、挑选的学校、我们当众表达的意见。这些东西，别人可能接受，也可能拒绝。在我们到目前为止学到的或经历的东西的基础上，我们把自己抛进了无知之境。

下定决心是以存在不确定性为前提的。不确定性挑逗我们，在我们身上激发坚定感，尽管我们自己都不知道我们已经拥有这种坚定感。它使我们面对风险，面对如此风险给我们造成的严重不适。但是下定决心是意志定律要求我们做出的。

放飞未来

着眼于未来，可能是健康有力的操练，也可能是纯粹的浪费时间。多数人怀揣梦想，想象着要让自己的人生变成什么模样。他们预想一切，比如打算开创何种商务活动，要为哪些运动队效力，如何经营自己的婚姻，与孩子建立何种关系。保持这些梦想，使之完美无缺，定期予以修订，会令人以健康的方式，持久地关注这些梦想。

有些人现在就想知道，他们的未来究竟会怎样。他们生性固执，一心主宰自己的未来，仿佛未来就是汽车，会沿着他们随便指定的方向，任由他们驱使。他们坚定不移地投身于这种操练。对于这些人来说，含混不清令人痛苦。暧昧不明甚至比无法实现自己确定的目标还要糟糕透顶。如此走向未来，只能使你走投无路。

在人生中，你要走向何方？试图把这个问题弄个水落石出，既会带来惊奇，也会令人烦恼。一方面，你无法预知自己的未来；另一方面，设法预知自己的未来有着不可抗拒的魅力。我们受到了好心的家人、老师和朋友的哄骗，为自己设定了根本不能指望的未来。在发现了自己的禀赋、技能和激情之后（以前我们不知道自己拥有这些禀赋、技能和激情），我们要使自己清楚：我们如何运用这些能力去创造不枉为一世的人生？

不过，所有我们真正能做的（也是真正值得一做的），就是弄清楚：既然事实证明我们的潜能可以创造价值，那么如何使用潜能具有的特殊力量？对于我们现在的所作所为，以及将来如何作为，我们都已经全然掌握。一天做一件事，我们的每一天就成了我们的未来。未来就是这样形成的。

实际上，认识到下列一点也是很重要的：你认识自己的未来的能力，受限于若干年来形成的根深蒂固的陈旧思维方式。如此说来，“放飞”你的未来是一个象征性的行为，通过这个过程，你可以开始把自己从陈旧的思维方式和行为方式中解脱出来，而陈旧的思维方式和行为方式一直令你裹足不前。

我要走向何方？这个问题的答案不纯粹是**我不知道**；正确的答案应该是：**我不知道，但一切尚好**。不必立即知道明天的一切。不必寻找预言未来的手段和方法。是否接受不确定性，是衡量你是否成熟的标准。接受不确定性，这个行为就是信任自己的行为，是你生死攸关的里程碑。为了前行，你必须抵达这个里程碑。

认可你的力量

有一个谚语说，少就是多。[1] 有时候，你的所得已经足够，至少此时此刻已经足够。不管你的特殊能力是什么，这些能力都值得认可。你一直拥有这些能力，它们很有可能蕴含着新的信息。从这个意义上讲，这些能力是稚嫩的，需要细心呵护。它们需要在你的生命里生根发芽。

你要走向何方？把这个问题弄个水落石出，既会带来惊奇，也会令人烦恼

你越是能把这些能力变成你日常生活的一部分，它们就越能带你昂首阔步，走向远方。运用能够强化你的特殊能力的语言，会影响你对别人说的话，也会影响你说话的方式。想一想，你特有的激情将如何改变你从事工作的方式，然后沿着它指引的道路前行。

在随后追逐梦想的几周里，基于在自己身上发现的力量，我的朋友特里开始创造个人关键词。**自由**、**成长**、**发现**和**运动**成了她日常语汇的一部分。渐渐地，在与自己就职的那家医疗保健公司的老板谈话时，她开始使用这些词语。有一天，特里提议改变由她帮助

---

① 少就是多（less is more），是著名的建筑师路德维希·密斯·凡德罗（Ludwig Mies van der Rohe，1886～1969）说过的一句话，意在提倡简单、反对过度装饰的设计理念。但一般人的理解是，简单的东西往往予人更多的享受。

管理的财务部的主要使命。她建议，财务部的使命不应该只是力求财务稳定，而是确保公司拥有成长的自由。尽管力求财务稳定是这个使命的基本功能，它还应追求更多的东西：财务部的行为能在多大程度上帮助公司确立和使用那些推动公司成功的能力？从现在开始，财务部要据此界定自己的真正价值。

对于她的提议，特里的老板在考虑了两周后接受了。不过令特里心旷神怡的，并非她事业上的成功，而是她在自己的工作场所找到了展示自己的优异之处的途径。特里已经找到了一种意味深长的方式，来激活她对运动、成长和发现的激情，以及她对自由的热爱。也正是她对运动、成长和发现的激情，以及她对自由的热爱，使她成了她自己。

承认你的人生会改变

意志定律认为，在内心深处，我们都有创造价值的冲动。这种冲动天然地源于我们对于自己是怎样一个人的认定。正是创造之欲，使我们成为人类。知道了何谓创造，无论是大创造是小创造，都会及时地解答下列问题：**我要走向何方？**

在破译自己的身份密码方面，你已经走到了严格检验自己意志的地步。你不可能让你的人生电影“快进”，彻底明了你将来的人生的样子。你所能做的，就是接受下列观念：基于你到目前为止对自己的了解，你在未来的所作所为与你现在的所作所为，可能大相径庭。大相径庭的即使不是你的**所作所为**（就职业或行业而言），那也是你的所作所为的**方式**。

要有耐心。要接受变化。承认明天你将过上不同的人生，这一前景会使你面对新的可能性。它将使你摆脱你现在面临的压力，因为你要找到答案。就像打开一扇窗口，让清新的微风徐徐吹进，而你的人生就需要这样清新的微风。

你会知道，当你因为长久没有进食而感到刻骨铭心的饥饿时，当可望而不可即的食物的形象改变了你的想法时，你已经破译了你的身份密码的这一部分。第四条定律就是这样设计出来的。设计它的目的，是把你带到令你内脏不适之处，以检验你的决心。全力以赴地踏上一条道路，而这条道路是在你到目前为止学到的东西中显示出来的；这样做，会令你意志坚定，百折不挠。

正是创造之欲，使我们成为人类

在经历不确定性的考验时，你会找到你人生旅途上需要的信心和坚韧。你会首先确认一件事情：**为了生存，我必须充分地展现自己。**

※练习：下决心※

下列练习是身份图绘过程的第四部分。它们会帮你**下定决心，踏上到你的丰富学识显示出来的金光大道，进而理解你未来的走向。**设计这些练习是为了或直接或间接地回应本章介绍的不同步骤。在某些情况下，它们可能超乎本章提供的例证。

1. **至少确定三个不同的场景。在那里，你可以运用你的特殊才能**，这既包括你的爱好，也包括你的人生显现出来的图式。把这些场景设想为你的工作场所、教室、家庭、求职面试甚至求学申请（一般要求你以文字的形式介绍自己）。

2. **建立你自己的语汇**。针对你的每一种特殊能力，列出对你而言意味深长的词语和短语表。

3. **开始在对话和写作中运用你的语汇**。把这些语汇的内容“注入”到你与别人的交流中。你是怎样一个人？你相信什么？在解决问题和遭遇挑战时你如何处之？当别人需要了解这些问题的答案时，使用这些语汇。

4. **记录：在处理你现在的工作或学习（如果你是个学生的话）时，你独特的能力会怎样改变你的处理方式？**至少确认三种具体的可能性。寻找机会去实施自己的想法，至少在下个月里实施一次。实施完毕之后，记下“前前后后”的变化。描述：你的特殊能力的运用如何影响了最终的结果？

5. **确认：如果依照你到目前为止对自己的了解，持之以恒，坚持到底，你人生的哪些方面最有可能发生变化？**陈述：为什么你选择了这样的关系或经历？记录：你觉得这样的关系或经历可能会发生怎样的变化。运用你的想象力。尽可能的详细和精确。

question five

问题五：我有什么天赋？

※可能性定律※

身份预示着潜能。

我们人人都有独特而重要的禀赋。
发现我们的特殊光源，
乃我们的特权和探险。

——玛丽·邓巴（Mary Dunbar）

※黛安娜的故事※

许多人只是乐于津津有味地过好自己的小日子。他们乐于收支平衡，力求避免所有可能破坏其人生的因素。他们满足于拥有大把的金钱和时间，去享受数不胜数的人生乐趣。至少，他们都是这样说的。

但你有没有想过：也许人人生而具有某种特定的禀赋，这种禀赋表明，我们可以用自己的生命成就某种大业。实际上，你也可能拥有类似于目标之类的东西，但只是无法及时弄清楚这目标究竟是什么。果真如此的话，情况将会怎样？你将为自己没有及时弄清楚的东西付出怎样的代价？或者说得更糟一些：如果你知道你的禀赋何在，但又没有勇气和方式去实现自己的禀赋，情况将会怎样？

此外，“禀赋”或“目标”都是气势宏伟的概念。我们相信，这些概念主要是留给那些英雄人物或传奇人物的，我们在报纸上了解了他们的业绩，但一个都不真的认识。这些人物包括享誉世界的音乐家、传奇式的体育明星、业绩不凡的大型商业的奠基人。你会觉得，**他们生而具有某种禀赋。我没有什么禀赋。**

带着如此的不安和预期，我们小心翼翼地躲避着，不敢正视这样的事实：我们也拥有某种禀赋，一种特定的、固有的、夺目的、迫切需要发展和实施的内在动力。且称之为禀赋、目标或激情吧。它是我们拥有的无法抗拒的需要，它捕获了我们的想象力，推动我们勇往直前。它令人微笑，令人开怀，令人痛哭，令人欢呼。它是我们不得不去做的事情，我们几乎别无选择，只能听从它的召唤。

对于某些人而言，木已成舟。他们的禀赋已经使他们筋疲力尽，他们地地道道地成了自己禀赋的仆人，就像我的朋友黛安娜(Diane)。但他们是一群真正快乐的人。

我们拥有的禀赋捕获了我们的想象力，推动我们勇往直前

黛安娜是空乘人员。她天生喜欢出行，这使她非常喜欢自己的职业，因为这职业带她走遍美国和世界。我认识她不久就得知，黛安娜要选择生儿育女。她何以做出这样的选择，对我而言，至今都是秘密，但这无关紧要。具有讽刺意味的是，她和丈夫快乐地生活在一条街上，那条街上，满街的孩子，从婴儿到十几岁的青少年都有。她非常喜欢他们。

如果我的朋友没有腾云驾雾，那她肯定在掘地三尺。黛安娜喜爱园艺。在过去的几年里，黛安娜历经千辛万苦，渐渐把一个普通的小院变成了美丽的花园，里面种满了各种各样的植物，既有很普通的，也有很珍稀的。她一直设法耕耘那块原始质朴的土地，使它变成充满有机艺术的小岛。

大约一年前，我拜访了黛安娜和她丈夫。我走进他们的后院，眼前的景象令我惊讶不已。几个星期前，那里只有石块和少许植物；现在，它却变成了一个小小的池塘。池塘的一头还有一道瀑布，里面则养满了日本锦鲤，漂满了睡莲的叶子。池塘最宽的地方，还用粗切的石板架起一座人行桥。搭眼一看，令人怦然心动。与视觉变化相比，更令人难忘的是，黛安娜赤手空拳，就建起了这个池塘。花园的大门和通道的凉棚，也是这样建造起来的。

和她的很多朋友一样，我被她的创造迷住了。每次拜访那里，我都期待着看到新东西。黛安娜的院子不仅成了园艺，还成了社区。人们聚集在那里，欢天喜地地享受着。对于朋友和邻居而言，它成了一幅风俗画。幸运的话，你拜访那里，没准儿能把“黛安娜园艺”这幅美景带回家去。倘能如此，不失为一个小小的收获。

有一天，黛安娜接到了当地报社的电话。他们正做一个有关空地园艺的报道，听说了她的故事。正如黛安娜所言，她彻底惊呆了。她不明白，他们是如何知道她的；她也不理解，为什么报社一定要采访她。一个月后，我在报纸上看到了黛安娜的照片，她光彩夺目地站在她亲手设计、独自建造起来的人行桥上。

黛安娜引导人们穿越她的花园，讲述每一个物种的故事，告诉大家她是如何找到这个物种的，又是如何哺育它们的。这时，黛安娜脸上的笑容比任何时候都灿烂。我终于明白，在她花园里生根发芽的，不仅是植物，还有她内心深处的种子。依我之见，我朋友本能的、母性的需求（即施与的基本需求），已经找到了表达的途径。

※天赋的力量和荣耀※

“施与总比接受好”，这个谚语早已成为通俗文化的一部分，其历史之悠久，已经超出多数人的记忆。但事实却是，大多数人消耗大多数时间，要弄清楚，如何“接受”而不是如何“施与”。表面上看，这是可以理解的。毕竟我们有家人要供养，有家庭要维系，有朋友要拜访，还要给别人买礼物，等等。

我们很少意识到的是，知道了自己的身份（即使只是身份的构成要素），会在我们身上引发难以预料的事情。我们曾经想过要施与；突然间，我们必须施与。为什么？因为我们现在拥有某种重要的东西，要送给他人。施与的欲望（为人们创造有价值的东西）是固有的。施与是我们的自然状态。一旦确定了方位，它就是无法抗拒的。

感受你的禀赋，就是寻找一个特殊的地方，在那里，你觉得最有活力。禀赋可能选择园艺的形式，我的朋友黛安娜就是如此。它还可能是车间、教室、木匠工作台。它可能是办公隔间或衣帽间。它可能是美术工作室，是著名餐厅的厨房，比如比萨饼店后面的厨房，比如你自己家里的厨房。它可能是教区长的管区，也可能是成千上万个这样的“地方”之一：我们被自然地引向那里。我们之所以去那里，只是因为我们满心欢喜。我们之所以喜欢那里，只是因为我们个性如此。

不要把我这里所说的禀赋（gift）与创作歌舞喜剧、烹饪、弹吉他或打曲棍之类的才能（talent）混为一谈。才能是努力训练出来的老练技能。才能是禀赋的**表现形式**。才能本身不是禀赋。如我所见，黛安娜的园艺只是她的禀赋的表现。对“禀赋”的最佳表述应该是人性的内在动力。你的禀赋是看不见的。只是它的外在的表现形式才能看得见。

同样的道理，你可能拥有许多令人过目难忘的才能，但我这里所说的禀赋，你却只有一种。禀赋来自能力（capacities），掺杂着能力，能力使你独一无二和充满激情，而你的独一无二和充满激情又是你的生命的图式揭示出来的。正如世界上只有一个你一样，世界上也只有一个这样的禀赋。你的禀赋是你身份的实际表现。换言之，你的身份是你献给世界的礼物。

施与是我们的自然状态，它就是无法抗拒的

了解你的禀赋，寻找施与禀赋的途径，会令你拥有平和的心境。你的探寻终于宣告结束，随之而来的焦虑也会随之而去。透彻肺腑的空虚终于被驱除。本真（authenticity）以及由本真派生出来的力量，只属于你自己，你不再需要装模作样，不再需要低眉顺眼地讨好别人。事实上，寻找你的禀赋，将之融入你的人生，能够证实你是怎样一个人：你就在这里，你充满活力，你要在这个世界上扮演重要角色。

我有什么禀赋？这个问题的答案提供了获得力量和荣耀的希望。“力量”源于你的身份，它不是用来控制他人的，而是用来掌握自己命运的。它是**向善**的力量。它是建设性的，不是破坏性的。这样的力量能使每个人受益（每个人都是这种力量的表现的一部分），因为它是以真正而持久的奉献为根基的。了解你的禀赋，会赋予你力量，令你与众不同。它还会赐予你荣耀，令你独一无二。

当荣耀来自身份时，它便具有了特殊的意义。你可能不费吹灰之力就解决了巨大难题。这时，荣耀的特殊意义已经尽情显示。压力之下有荣耀，它赐予你力量，让你经受考验，抵抗诱惑。来自身份的荣耀是世界上充分而自然的生存状态。在这样的荣耀状态之下，你的创造性不会为冲突所瓦解。能量不会被浪费。宽容、耐心和自信是你的标记。

没人能比约书亚·斯坦（Joshua Stein）更加充分地展示这些

特质了。他是一位拉比[①]，每次出场，总令人觉得他非同寻常，即使是在他并不特别器重自己之时，也是如此。

如同大家知道的那样，约书亚拉比拄着拐杖走路。因为童年时患骨髓炎，后遗症与他相伴终生。尽管如此，约亚书拉比还是轻而易举地超越了这些限制。

"力量"源于你的身份，它是向善的

我认识许多神职人物，但没有谁能像他那样，领导着一个圣会。他讲话时，仿佛是在对你讲话，尽管你可能坐在房间的后排，与他隔着几百人。约书亚拉比极其平易近人。不仅你可以与他进行私人交谈，而且他可以作为普通人与你交谈。他的拉比职位从来不妨碍他的普通人身份。这就是他的迷人之处。这就是他的非凡力量的源泉。

与上次见面相隔多年之后，我在他寄身的城市的餐厅里与他邂逅。没过多久，他就问到我的儿子，问到他的近况，在学校里如何，在运动场如何（我儿子喜爱运动胜于一切）。约书亚拉比从来没有见过我的孩子，但谈起来，仿佛对于他人生的点点滴滴都了如指掌。这也是他的迷人之处。他拥有一种令人激动的能力，那就是运用诀窍，记住你人生的方方面面，而一般人很可能瞬间忘得一干二净。他让你觉得，你很重要。

① 拉比，意为犹太教教士，主持犹太教集会的主要神职人员。

你的身份是你献给世界的礼物

在约书亚一头浓密的银发下面，长着一双炯炯有神的眼睛。他的目光可能是坚定的，但也常常是柔和的。他的言词可能是严厉的，但也常常是和蔼的。与许多神职人员不同，约书亚拉比从来不让自己的地位冲昏自己的头脑。他依旧沉着得令自己心满意足，也让我们称心如意。如今想起约书亚·斯坦，我会想起这样一个人，他总是将灵魂置于肉体之上，他的谦逊的力量和自然的荣耀让很多人感到惬意，给很多人带来希望。

※追寻欢乐的足迹※

大多数意在寻找自己禀赋的人，都在过去和现在的工作中，在自己的家庭背景、业余爱好和个人兴趣中寻找蛛丝马迹。尽管这样做看上去很明智，但上述任何一个因素都不会领你找到答案。上述任何一个因素都无法触及你的创造价值这一非凡能力的核心，而你的非凡能力就是你能在这个世界上做出与众不同的贡献。

寻找你的禀赋，其方式就是**追随喜悦的足迹**，寻找令你本能地一见倾心和心荡神驰的某些事物。

先有快乐，后有喜悦。在拆解你的身份密码时，理解这两种观念之间的区别，还是十分重要的。我以前在本书中是这样定义快乐的：你在内心深处怡然自得。

为了抵达这种境界，你需要让喜悦成为你的向导。用哲学家和神话学者约瑟夫·坎贝尔[①]的话说，你必须顺乎内心的狂喜。就其核心而论，喜悦抛开了防御、关切和合理化，直接把我们引向一个令我们兴高采烈的地方，而这个地方就在我们的内心深处。我们或许早已把它彻底遗忘。当我提到兴高采烈时，我指的是这样一种感觉——你已被彻底征服。例如，那种心潮澎湃的感觉出人意料地涌现出来，并迅速传遍全身。或者，一种快感在你的脊骨间上下游走，随后，紧张感一扫而光。

这种兴高采烈来自对于**某种事物**的毫无保留的挚爱。当你引发一场争论的风暴时，它可能是在你心中流淌的创造性活力；当你骑马驰骋在怀俄明山脉深处的开阔地带时，它可能是巨大的敬畏感。或者，当你在演唱一段你心爱的歌剧时，它或许就是你自己骨子里感受到的自由自在。

先有快乐，后有喜悦

不论是什么，只要能给你带来喜悦，自然也会把你带到近乎入迷的状态。在那里，一天的紧张一扫而光，你与自己实现了统一：除了别的什么，你在内心深处怡然自得。唯一重要的事情，就是那个“某种事物”。

---

① 约瑟夫·坎贝尔（Joseph Campbell，1904～1987），美国专门研究神话和比较宗教的著名学者。代表作有《千面英雄》（*The Hero With A Thousand Faces*）、《上帝的面具》（*The Masks of God*）和《世界神话的历史地图》（*Historical Atlas of World Mythology*）。《千面英雄》主要考察英雄的原型，《上帝的面具》主要探索神话的遗产及其对当代人类的含义，《世界神话的历史地图》只完成了人类早期文化的部分。

做完你的身份拼图

拼图之美在于，当把所有的图片拼在一起时，它们会构成一幅对你而言终有意义的画面。

你的身份也是需要拼接的拼图。一旦拼接完成，它就会彰显你创造价值的潜能，而那些潜能是由禀赋暗示出来的。你的身份拼图的主要图片包括三个主题：一个主题界定**你喜爱的事物**，一个主题捕获**你生命的图式**，一个主题界定你最初认定的某些经历的**基本属性**，该主题引导你发现自己的爱好。所谓基本属性，指的是你的每种经历的内在意义。把这三个主题并置一处，你将获得主要的构成因素；你需要借助于这些构成因素，去完成你的拼图，理解你的禀赋。

以特里为例。我在讲解**“我要走向何方?”**的问题时，曾经讲过特里的故事。发现、成长和自由是特里喜欢的三件事。尽管我没把特里的生命图式当成她的故事的一部分，但特里的生命图式揭示了她对探索的激情，这使她扩展了她人生的疆界，包括个人人生的疆界和职业人生的疆界。这里说说她是如何界定她最初命名的某些活动的基本属性的：骑马是关于**运动**的，舞蹈和旅行也是如此；历史的基本属性是围绕着**进化**的主题旋转的；自然是有关纯洁的。

发现、成长、自由和探索。运动、进化和纯洁。这些都是隐藏在特里人生表面之下的核心主题。把这些因素置于一处，它们就会把她的身份拼图转化成一个图景，在她眼中，这个图景终于开始产生意义。认真梳理它们，把它们彼此连接起来，我的朋友终于明白了：她究竟要走向何方。为什么她要走向那里。

你的身份拼图会把有关“你是怎样一个人?”的不同线索集中起来，将其连成一幅完整的图景。那个图景可以用来解释，你到目前所发现的身份密码片断是如何拼接在一起的。此外，它能为你指出，你还储藏备用了哪些东西，但仍未发现。

我们的身份密码很像我们的基因密码，它在结构上是复杂的，很难把握。我们的身份是才能、技巧和激情相互交叉、代代相传的结果，它最后形成了不同的合成物，正是这种合成物使得我们成了我们现在所是的那种人。你现在拼接的拼图是你特有的，但它也反映了以前几代人的人生。如此说来，它在向你的未来致意时，也在问候你的过去。

善于表述

你在完成自己的身份拼图时努力寻找的图景，终于以简明扼要的形式呈现出来。这种形式能够阐明你的禀赋及其暗含的价值。这里有三个范例：**我是拉里·阿克曼，我被一种“需求”所驱使，那就是帮助他人恢复视力；我是特里，我被一种“需求”所驱使，那就是帮助机构寻找成长的空间；我是黛安娜，我被一种“需求”所驱使，那就是把自然予以人化。**这是地地道道的需求问题。这是基于身份生存的全部：顺乎你身体的脉动，它就像你血管里流淌的鲜血，是无法抑制的。

你的身份拼图会把有关"你是怎样一个人?"的不同线索集中起来，将其连成一幅完整的图景

对于该用自己的生命做些什么，以上的陈述仍然无法给你一个明确的答案。如何运用你的禀赋，这取决于你自己。有关你个人身份的陈述只是揭示了你在这个世界上创造价值的潜能。如果你留意到它，那么，你在决定走哪条路、不走哪条路时，它会帮你保持诚实的心态。它还会帮你看清做什么和如何做。你可能选择继续从事自己的老本行，但你处理工作的方式或许会发生巨变。或者你可能选择重新开始，寻找一份与你是怎样一个人天然一致的职业。

提取内含

在你的身份之旅上，你将经历许多重要时刻。很可能你现在就在经历一个重要时刻。在你的身份之旅上，你现在已经到了这样的地步：实现你的潜能，这样的前景已经近在眼前。在破译你的禀赋时，你已经打开了你身份密码的最重要的方面，即生命得以最充分展现的根基。从这里，你可以阔步向前，完全知道你是怎样一个人，为什么会有今天的境遇。

把有关你的个人身份的陈述当成评价的透镜来使用。考虑你的身份具有的可能性。特里知道，改变财务部的使命，既能加强她跟老板、同事的既有联系，又能强化财务部的重要性。顺乎这个过程，使之如此发生，她改善了自己的工作机构，也赢得了他人的尊重。

不要制约想象力。把你的想法融入下列范畴中去：你的工作、你与配偶或伴侣的关系、你与孩子的关系、你的教会、你的朋友。学会从容不迫，让那些可能性开花结果。

也许现在的你，沐浴在“省悟”——这一团温暖的阳光里，已经满足了。你发现了自己的身份，会获得一份宁静，这本身就是一份奖赏，它会帮你带着从容的自信前行。你完全可以把它归功于自己，因为你使有关自己身份的陈述获得了生命。你将借此获得完整性。

你的目标就摆在那里，它等你去发现

与你的禀赋大致相符的报酬，就是知道自己的目标。它就摆在那里，等你去发现。究竟把它称作你的禀赋，还是你的目标，无关紧要。它们完全是一码事。它们都来自你的身份，都能界定你与外在世界的关系。你与外在世界的关系，既包括你与同事和雇主的关系，也包括你与你根本就不认识的芸芸众生的关系。你的同事和雇主，会受益于你对禀赋的展现；在你根本不认识的芸芸众生中间，你现在有了立足之地，它完全属于你自己。一旦我们知道了自己的禀赋，我们就会获得目标感。目标感刺激和丰富我们的全部关系。就自身获取宁静而言，知道了自己的禀赋，会使我们快乐无比。

在你的身份之旅上，一旦抵达如此制高点，你将毫不含糊地确信：**我有太多的东西，要施与他人。**

※练习：启示※

下列练习是身份图绘过程的第五部分。它们会帮你**追随喜悦的足迹，然后发现你的禀赋**。设计这些练习的目的，是或直接或间接地回应本章介绍的不同步骤。在某些情况下，它们可能超乎本章提供的例证。

1. **完成你的身份拼图**。首先回到“你喜爱的事物和喜爱做的事情”这一原始清单那里。

· 确定每一种经历或活动的**基本属性**。我所谓的“基本属性”，是指每一种经历对你而言具有的极端重要性，即凭着直觉，你觉得每一种活动对你而言具有的深远意义。正如我先前在本部分所言，骑马基本上暗示的是**运动**，步行、慢跑、急驰也是如此。跳舞也暗含着**运动**。历史是有关**进化**的。

· 破译每一种活动的基本属性后，将其写在你最初列出的栏目之下，用箭头把那些栏目与这些属性一一连接起来。

· 现在，把那些本质上相同或字面上相同的观念连接起来。在它们的下面写下一个主导性的主题，如果已经找到了这样的主题的话。

2. **写出有关你个人身份的陈述**。收集和记录你已经确认的所有重要主题：用来界定**你的爱好**的主题，用来捕获**你的生命图式**的主题，以及用来界定你先前已经命名的每一种活动或经历的**基本属性**的主题。

·现在写下这样的句子："我有一种需求并为之驱使着，那就是……"

·要明白，你写下的这些主题是如何彼此融合成一个统一的思想的。对于那些词语，可以自由地洗牌、分类和重置。如果你愿意，可以添加词语（为了构成完整的语句，可以添加动词）。为了获得另一种观念来源，可以回到你在确认自己喜爱什么时写下的答案清单那里。你还可以把每个主题或每套主题写在不同的纸上，把它移来移去，自由组合。

·完成前面你已经开始的语句。考虑不同的词语组合，直至一种观念捕获（和把持）你的想象力。

3. **提取内含**。一旦你对自己的陈述感到满意（当你凭直觉认为正确时，可知你对之感到满意），开始更为具体地考虑，它对你的人生究竟意味着什么。

·将内含融入范畴：你现在的工作，以及你从事这项工作的方式；更加宽泛地说，你的职业生涯；你与配偶、家人和朋友的关系。

· 随身携带笔记本或记事本，翌日、翌周有了新念头，一一将之记下。

4. **开始设置优先项**。考虑一下，如果按照你的身份过活，你的人生将会发生怎样的变化。大处着眼，小处着手。你要确定你现在要采取何种行动，而那种行动又不能太具挑战性或破坏性。根据日期和行动，设定一个事件日历，并坚持到底。记录你的行动对你及他人导致的结果。

question six

问题六：我能信任谁？

※关系定律※

人本质上都是关系性的，关系力量的大小，取决于不同身份间的自然结盟的程度。

友谊最可贵之处并不在于向你伸出的援手，不在于仁慈的微笑，也不在于有人陪伴带来的喜悦；友谊的可贵之处在于，当你发现有人信任你也乐于信任你时，你在心灵上获得的激励。

——拉尔夫·瓦尔多·爱默生[1]

① 拉尔夫·瓦尔多·爱默生（Ralph Waldo Emerson，1803～1882），美国散文作家、思想家和诗人。

※塔莎的故事※

多数人寻求与他人关系的稳定性。有些是“小稳定”，它们是我们日常生活的点缀，源于漫不经心的朋友、熟人和同事。有些是“大稳定”，它们描绘我们身处世间的时代的轮廓，来自配偶和伴侣、家庭成员、长期雇主、精神导师和真正的心腹之交。加在一起，我们构成的关系（大关系和小关系）赋予我们的人生以结构，并框定了我们的人生。

我们要想在这个世界上寻找自己的出路，是离不开这样的结构的。缺少了结构，人生就是不可能的。缺少了结构，人生只能是随意的、无根的和漂泊的。赋予我们的人生以结构和意义的，正是我们的关系，因为只有通过关系，我们才能展示我们是怎样的人。

建立了稳定的关系，被很多人视作特殊的胜利。这些关系并不被视作理所当然的事情。稳定带来了对舒适的期待，即你可以依靠的东西，无论它实际上是什么。

不过，在透过你身份的透镜审视人生时，搞清楚“你真正可以依靠怎样一个人”，会使事情变得更加复杂。有时你会发现，稳定并非某些人所鼓吹的样子。或者说，就某些关系而论，它并不真的就是如此。

棱镜能把光线折射成光谱，而光谱是由完全不同的颜色构成的。和棱镜一样，透过你身份的透镜审视人生，可能会毫无预警地令你以新颖和意外的方式审视你的关系。

塔莎（Tasha）的情形就是如此。在她那里，人成了自己的棱镜。

赋予我们的人生以结构和意义的，正是我们的关系，因为只有通过关系，我们才能展示我们是怎样的人

塔莎是位诗人兼化学家。我这样称呼她，是因为我听说这位少言寡语、开诚布公的研发科学家，白天在一家大型医药公司研究实验室监视各种实验，然后在经历了漫长的一天后诗兴大发。若干年前，我与那家公司合作。那时，我认识了塔莎，并邀请她担当我的访谈对象。

塔莎最惊人的地方，并不在于她写诗与写分子式构成之间的强烈对比，而在于她视力不佳，几乎双目失明。正如她向我解释的那样，读书时，化学及其具有的可能性一直是她的初恋。她及时找到了使化学成为职业的途径。

我们两人的人生之路偶然地交叉在一起，但我们拥有共同的纽带，它使我们建立了联系，并维持这种联系长达数年之久。我们的视力都对我们各自的人生产生了重要影响。这条纽带促成了无数的电话交谈和电子通信，所有这些交谈和通信都集中在身份问题上，包括我的身份，也包括她的身份。通过这些交流，我亲眼目睹了塔莎是如何检讨（在某些情况下是彻底改变）她许多最重要的关系，进而在身体和情感上改造她的人生面貌的。

把化学当成检验有望治疗心脏病的新型化合物的熔炉，没有什么比这个更能令塔莎激情澎湃了。这是她专攻的领域。她以活泼生动的语句，向我滔滔不绝地谈论这种激情，以及她需要“阐明”或“揭示”各种化合物令人恢复健康的可能性。

有时候，她的描述甚至是诗意盎然的。有一次，她对我说：“纯洁的心脏有益于灵魂。”鉴于她的生理条件，她无数次提及视力，这是根本不足为奇的。其实，正如事后证明的那样，对于理解她的禀赋而言，无数次提及视力，这一点始终都是非常重要的。

塔莎受一种东西驱策，那便是她要找到康复的图像。是**找到**，不是创造。正如她向我解释的那样，她的使命就是使自己的同事不仅看到化合物，更明确地看到这些“图像”，然后把它们带到下一个发展层面。

一旦塔莎能够说出她的禀赋，我就开始大量收到她的来信。她现在有了清晰的身份感，这种身份感为梳理各种关系（特别是她与家人和朋友的关系）带来了某种效果。她的每一封来信都以简明扼要的方式描述这种效果。

塔莎在大半生里都与父亲关系紧张。父亲对她的进步似乎并不满意，尽管她已经取得了骄人的成绩。他总是要她锦上添花。她感受到了父亲带来的挫折感，这使她觉得孤苦无助和极不舒服。尽管如此，塔莎尊重父亲挑剔的想法（他相信女儿尚有未及开发的潜力），并真诚地爱他。但她还是经常害怕接触父亲，担心父亲会利用她的脆弱，大做文章。

相形之下，母亲对她过度保护。母亲承认女儿功成名就，但总是警告她，不要过度扩张自己。塔莎感激母亲的关怀，在困难的日子里，母亲的关怀成了庇护。不过她总是希望母亲更多地相信她，不要像塔莎说的那样，总说她是“折翼的天使”。

在说出了自己身份后的几个月里，塔莎审视父母，与父母交往的方式开始发生变化。她发觉自己开始积极寻找机会，与父亲交谈。她想（其实是她需要）告诉父亲，她究竟是怎样一个人。她对父亲的苛责的恐惧开始减弱。在父亲面前，她不再觉得自己脆弱不堪。她甚至开始觉得，父亲可能已经了解了她的禀赋的某些方面，而在此之前，连她自己都没有认识到这些方面。对于促成更好的沟通而言，对于与苛刻的父亲建立更好的、更真诚的关系而言，塔莎的身份已经成了出乎意料的平台。

相形之下，对于塔莎与母亲的关系而言，意识到自己的身份，几乎造成了截然相反的效果。塔莎的发现被用来确证她早就（下意识地）知道的东西：尽管身患残疾，她是一个完整之人，不是折翼的天使。起先，塔莎从母亲那里退避三舍了。她需要与她那位自封的“保护者”保持一定的距离。尽管深爱母亲，塔莎现在比任何时候都更加理解，何以她总是觉得母亲应该更多地相信她。

尽管身患残疾，她是一个完整之人，没有折断自己的翅膀

了解自己的禀赋，由此产生的冲击对于塔莎的所有关系均有影响力。汤姆是塔莎的老朋友。读高中时，他们就相识了。对于塔莎而言，汤姆最诱人的品性之一就是他的非物质主义价值观。香车、华服和名表，从来对他没有什么特别的吸引力。如何才能在满足商务需要的同时，迎接社会的挑战？立志做律师的汤姆早就对如何解

决这一问题产生了浓厚的兴趣。对于汤姆而言，金钱是重要的，但金钱不是他人生的焦点。

离开法学院多年后，汤姆作为机构内律师，加入了一个小型电脑公司。当这家小型公司出售给大型公司时，他也赚了个盆满钵满。在随后的岁月里，塔莎目睹了汤姆的变化。他对物质人生的漠不关心，已经让位于他对物质人生的疯狂痴迷。他的车库里停了好几辆香车。他穿的是定制服装。他和家人搬进了更大的房子。

令塔莎最痛心的是，汤姆的新财富似乎开始使他对社会问题麻木不仁，而在此之前，他总是关注这些社会问题的。尤其是，他对环保的兴趣，对确保全体人民的公民自由的兴趣，都大为降低。

尽管发生了这些变化，尽管这些变化令她再三感到刻骨铭心的不适，塔莎还是想与汤姆维持友谊。她努力使用汤姆的语言，表达对某些事物的兴趣，而这些事物都是汤姆以前执著追求过的。

然而，在意识到她的身份后，一切都面目皆非了。现在，塔莎敏锐感受到了她与老朋友的关系的显著变化。尽管有些犹豫不决，她还是开始与汤姆分道扬镳。电话、聚餐和电子邮件越来越少了。

如同塔莎向我解释的那样，她别无选择。她不再怀揣维持友谊的希望，装模作样地与汤姆周旋。这种努力几乎成了单向性的，也没有什么效果可言。几十年来，塔莎一直信任汤姆，但现在她无法再信任他了。她很清楚这一点。

对她而言，选择放弃这种为时甚久的友谊是痛苦的，却是必要的。尽管塔莎感到失望，她也只能采取这样的行动。也只有这样的行动，才能维持她的诚实品性。

※从信任中获得庇护※

信任是无所不在的。尽管可能没有意识到，我们每天都会以众多方式，多次追问自己：**我能信任谁**？当我穿上自己最心爱的服装时，我能信任谁？谁能告诉我实话，我看上去究竟怎么样？我能信任哪个油漆承包商，让他把我的房子刷得漂漂亮亮？我能信任谁，当我必须外出工作时，由他或她来照料我的孩子？我能信任先前的哪位雇主，让他帮我写封工作推荐函？我能信任哪些主顾，他们能够及时付我报酬？我能信任哪位医生，让他照料我那生命垂危的配偶？

信任问题已经渗入我们人生的方方面面，涉及万事万物，从平凡琐事到严肃大事，从鸡毛蒜皮的问题到事关生死的问题，莫不如此。

说到确立基于身份的人生，**信任**是包含着巨大魔力的字眼。实际上，信任别人（指望他们接受你是怎样一个人）会带来内心的宁静。在步伐加快、日新月异的时代里，很难找到内心的宁静。这种“魔力”源于何处？它的秘密成分都有哪些？你对此了然于心：分量相等的直觉、脆弱和认可。

想要信任某人，你需要首先依靠自己的本能，对别人的意图做出判断。你觉得他或她是否会倾听你的谈话？你是否觉得那个人也在寻求确立某种关系，而这种关系并非仅仅停留在表面上？如果答案是肯定的，采取下一个步骤。

撤销防线，甘冒暴露你的疑虑和瑕疵的风险。如果不是一次性暴露，那就每次暴露一点。你需要做些最终导致**第一行动**的事情：邀请某人进入你的世界，虽然事先并不知道被邀请者会不会接受你的邀请。最后，如果迎来了意味深长的对话，你就必须接受这种真正的可能性：你信任某人，作为这种信任的结果，你的所思、所感和所为，可能会真的有所变化。

撤销防线，甘冒暴露你的疑虑和瑕疵的风险

信任不仅形成于成人之间同样存在于少年之间。我有一位朋友，他有位女儿，年方十五，名叫鲁思（Ruth）。我至今记得，她是如何在学校里苦苦挣扎的。她义无反顾地投身于她钟爱的足球和社交活动。社交活动很快就吞噬了一切，这倒也不足为奇。读书成了最不重要的东西，鲁思过去三年的成绩，反映了这一点。鲁思的智商在平均线之上。用她的话说，这个问题的实质是“想过某种日子”。她的意思是说，她想要享受自己的乐趣。学校是工作，与她的世界观相去甚远。

鲁思现在是高中二年级的学生。无人能使她领会学习的价值，直到她遇到了阿本（Ben）。在化学实验室里，阿本被指定为她的伙伴。出于某种缘故，两人很快成了朋友。阿本是个好学生，并不特别优秀，却脚踏实地。阿本成了鲁斯的知己。鲁斯开诚布公，对阿本表达了她对学校的感受。她还告诉他，她梦想着从事职业体育比赛。她承认，她的家人根本不会理解她的梦想。她相信，阿本不会对她做出判断，他只会倾听，阿本也正是这样做的。

根据她父亲的说法，有一天，鲁斯在参加完足球训练后回到家里，很快钻进了自己的房间，消失得无影无踪。她想要的，就是一个人静静地呆着。那天夜里，她拿着最近参加测试的两份试卷走了出来，一份是历史，一份是生物。她把试卷递给父母。历史得了“B－”，生物得了“B＋”。

惊喜的父亲问她，那是怎么回事。她回答说：“没什么。我只是觉得，让学校成为自己人生的一部分，没有什么不好的。阿本想过某种人生，他在学校过得不错，所以我想，我也能过得不错。”

即使你对自己的身份有了清醒的认识，即使你了解了自己的禀赋，想找到你可以信任的人，也是既易如反掌又难于登天。说它易如反掌，是因为你的身份自动地发挥着过滤器的作用，它使你把某些人排除在外。你可能喜欢这些人，甚至是羡慕这些人，但你心里明白，他们和你不是一样的人。

即使你知道了自己的身份，想找到你可以信任的人，也是既易如反掌又难于登天

我依然记得，我的朋友黛安娜能够敏锐地判断某个她只见过一两次面的人，最终会成为刎颈之交，还是成为马马虎虎的旧相识。她会花时间与她们呆在自己的花园里，带她们观赏美景，与她们分享她称之为“滋养自然”的故事。黛安娜几乎总是能够迅速做出判断。她可能会对自己说，**此人知道我是怎样一个人，理解我的需要——我需要通过我的美丽花园去施与。我可以信任她。**或者，我的朋友会对自己说，**此人承认我从园艺中获得的快乐，但并没有认**

识到园艺对我的意义。我喜欢他，但不能真正信任他。

即使你理解了自己是怎样一个人，想找到值得信任的人，也难于登天。说它难于登天，原因有二。首先，知道了自己的身份，会使你更加无穷无尽地追问，在人生中，究竟有哪些东西对你而言是至关重要的。

其次，可以选择的空间急剧萎缩。**信任**不再是一个这样的词语，你可以不假思索地把它分派给任何一个你称为朋友的人，或分派给你的家人。其实，**信任**甚至不再是一个词语，它是你对某些人的祝福，这些人以自己的实际行动，对你是怎样一个人，表示尊重。只有他们，才配得上这个词语。

我能信任谁？对于这个问题的解答，会带来得到庇护的希望。特殊的关系成了获得庇护的场所，它保护和滋养你生命里最神圣和最美丽的方面。在这些庇护所里，你可以借助某些人给自己充电，这些人知道什么对你而言至关重要，这些人渴望得到你施与的东西。

知道了自己的身份，会使你更加无穷无尽地追问，在人生中，究竟有哪些东西对你而言是至关重要的

※对于我，谁重要？为什么？※

用来描述庇护的方式有很多种。庇护是基于身份的关系提供的。当你需要休息时，考虑你可以依靠的关系驿站。把这些驿站称作你灵魂的加油站吧。它是由这样一些人经营的，他们既提供宝贵的支援，也提供必要的批评。但是你对他们的批评表示欢迎，因为他们充满激情地深切关注下列问题：你是怎样一个人？你喜爱什么？

我在这里谈论的庇护是纯粹的港湾。在这里，你可以与人分享你的恐惧（你有自己的局限，你对此心存恐惧），分享你的梦想（如果克服了这些局限，你的人生将会怎样）。庇护所甚至是这样的场所，在那里，星火闪耀，创意迭现。之所以如此，是因为电流充足，而电流是通过把你的身份与别人的身份并置一处引发的。如此创意能以多种形式呈现，诸如商业冒险的果实，促成一部电影的念头，地方艺术节的主旨，充满新意的食谱，甚至一个孩子，等等，不一而足。

在所有这些你现在已经拥有或明天将要建立的关系中，能够为你提供庇护的，却为数不多。这样的庇护是基于身份的信任才有的。是否所有的关系都能带来庇护？解答这个问题的方式就是**观察一下，看谁重要，他又为什么重要**。

界定你的关系宇宙

要想知道你可以信任谁，首先要界定你的关系宇宙，你的关系宇宙给你的人生提供框架。把这些关系称作“恒星”吧。“恒星”组成了你的宇宙，可以一一清点它们。你的关系宇宙自然包括你的家人、朋友、同僚，以及你在人生中须臾不离的那些人。不要忽略某些人，这些人未必能够放进某个明显的范畴，但你出于本能而深深为之吸引。一个可能是为你服务甚久的美发师，多年来，他对你一直洗耳恭听，如同你最亲密的朋友。另一个可能是你的园艺师，一旦草坪修剪整齐，一旦树丛整修一新，你们偶尔也会杯盏交错地体味杯酒人生。或者，你可能发现自己总是想到你的牧师、拉比，甚至想到沉默寡言、为人低调的牧师助理。你一直羡慕他的性情，但从未与他单独相处。如果你是学生，这样的人可能包括你最喜欢的指导老师。

建立自己的关系宇宙，这个过程出乎意料地把我带入了人生的幽静港湾。我发现，我想起了读小学时结交的朋友，我们好多年没有见面了。他们现在都已人到中年，那时却是欢快的玩伴。他们曾以积极的方式渗入我的心灵，至今在我的人生中依然发挥着十分重要的作用。有一位同学叫贝尔，现在是建筑设计工程师。读初中时，他家始终是我的第二个家。还有一位同学叫史蒂夫，作为童子军的一员，他曾经教我打结、支帐篷，带我星夜逃离帐篷，而不被人发觉。

当你开始观察，看谁重要，他又为什么重要时，你的关系宇宙越是多种多样，结果就越是丰富多彩。这时，你最能据此断定，哪颗恒星可能会发射出最耀眼的光芒，哪颗恒星会逐渐黯然失色并销声匿迹。

创造你的内部身份圈

在太阳系所有的恒星中，我们指望太阳提供我们需要的能量。

要想生存，就离不开太阳。同样的道理，你也需要一组关系。它们是从你的关系宇宙中精选出来的，会成为你的“内部身份圈”（inner identity circle）。进入这个身份圈的人，都真诚地希望获得你的禀赋绽放的花朵；作为回报，他们也愿意向你提供自己的禀赋结出的果实。

无论是在荣华富贵之时，还是在贫困潦倒之日，你的内部身份圈将成为你真正的能量来源。在你生命的进程中，你可能会扩展自己的身份圈，也可能会收缩自己的身份圈。至于你的身份圈里有三个人还是六个人，这不重要。重要的是，身份圈里的每个人都尊重自己的身份，也尊重你的身份。

观察一下，看谁重要，他又为什么重要。适合进入你的身份圈的人们（亲朋好友、父母双亲、兄弟姐妹、队友和商务伙伴），并不意味着也能够自由地进出你的人生。某人是否适合进入你的身份圈，取决他是否已经“达标”。

“适合”与否，不取决于在地理上与某人是否接近，或者是否能够定期见到那个人。我常想到理查德，我们好多年没有见面了。在读大学时理查德和我成了好朋友，我们长期待在一起，直到我们各自的职业把我们带到东西两岸。

我们关系亲密。开始时，理查德和我会分享一瓶廉价的葡萄酒，那通常是在深更半夜之时，我们坐在我们共同居住的宿舍的地板上，大啖比萨饼。没多久，我们开始分享秘密和各自关心的东西，分享我们的希望、渴望和挫折。关于学校，关于女友，关于事业。那时候，所有这些丝毫都不抽象。

我们两人对于人类的成就充满了激情。在这方面，我们找到了共同点。例如，理查德总是用力甚勤，并甜言蜜语地笼络别人也这样做。和现在一样，那时我已经相信人类潜能的威力。条件允许时，我也一直致力于实现这些潜能。

尽管我们今天相距甚远，理查德依然在我的内部身份圈里占有一席之地，而且会永远占有下去。你与他人的纽带是由你的身份创造出来的，它不受时间和空间限制。

信任存在于很多层面。你信任某人，你相信他诚实可靠、一诺千金。但这并不意味着，他属于你的内部身份圈。基于身份的信任属于一个完全独特的世界，它来自对下列问题的共同看法：什么才是正确和真实的？基于身份的信任源于你们共同珍视的激情和优先考虑（priorities）。它是由下列未曾说出（通常是无意识）的共识激发出来的：如果必要的话，其中一人可以向他人丝毫不爽地表达你的意见；他或她这样做，你也会毫不犹豫予以信任。

你与他人的纽带是由你的身份创造出来的，它不受时间和空间限制

基于身份建立起来的关系会产生根深蒂固的亲密感，但这并不意味着没有表达异议的空间。其实，正是因为你的身份和另一个人的身份高度一致，你可以与他激烈地辩论或猛烈地争吵，而不必担心被弃之不顾。

某些人的身份与你的身份近乎一致，与这些人确立关系，会使关心所有的人变得更为容易。一旦你知道了自己是怎样一个人，你就会更加宽容他人。你不会再根据别人如何看待你（或你如何看待别人）来判断自己的价值。你已经在你与别人建立的关系中获得了庇护。结果是，你对别人可能更有同情心，甚至更有爱心，而不必把这些人带进你的身份圈。

首先要信任自己

在你与自己建立的关系中寻找庇护，并非永远那样轻而易举。一般说来，倾听别人的肺腑之言，视别人的肺腑之言如同己出，要容易一些。对你本能地渴望信任的人来说，尤其如此。他可能是你的合伙人，你的母亲或父亲，你的老板，或你毕生的刎颈之交。

即使胸有成竹，你可能依然要倾听别人的看法。别人的看法有时是对的，有时是错的。但这无关紧要。“相信直觉”，这个表述充满了智慧，特别是在涉及身份问题之时。

一旦你知道了自己是怎样一个人，你就会更加宽容他人

你已经在自己的身份之旅上走出很远。你已经破译了自己身份的很多方面，而在此之前，或许你根本就没有意识到这些方面的存在。但是一定要相信你已经获知的一切。何者为对，何者为错？对你而言，这些问题的答案是可以唾手可得的，它们在等你去发现，而丝毫都不会对你逃避。信任自己就是爱自己。要想学会爱别人，要想学会被别人爱，信任自己乃必由之路。我是亲自领悟到这一

点的。

我还在蹒跚学步之时，就被绑在了医院的手术台上，那是我一生的噩梦。当时身处噩梦之中，我的全部渴望就是父亲过来拯救我。尽管我无法动弹，但我依然想象着自己伸手向他求救，回头盯着我刚刚经过的那道门，我和父亲就是在那里分开的。

我渐渐意识到，他不会过来救我。我独自一人，孤苦无助。一瞬间，我得出了结论：他不过来救我，是因为我犯下了致命的过错。究竟是什么过错，我也不清楚。此外，我推断，躺在手术台上，也是我的缺点所致。随后不久，我的喉咙被束紧，我失去了说话的能力，也对自己失去了信心。我不再信任自己。不知道为什么，我推断，我已经让父亲大失所望，不再值得他来爱我。

这次经历就是一团乱麻。我花了好几年的时间，拆解这团乱麻，搞清它的意义，最后学着再次信任自己和爱自己。说到信任或相信自己，我们没有任何妥协的余地。要么你信任或相信自己，要么你不信任或相信自己。说实话，你别无他法，只好如此。这也是“关系定律”所要求的。

要让你的内部身份圈具有自给自足的能力，你需要成为它的第一个成员。某些人会进入你的圈子，某些人会离开。随着时间的消逝，这些都是可以预料的。但你是永远不能撤退的终生成员。

付出与获取

你无法信任一个根本就不信任你的人，无论你多么渴望这样做。如果你伸出了友谊之手，努力建立或加深某种联系，而别人并不领情，你自然也会一毛不拔。你本能地保护自己。这是自然而然、无可非议的正常反应：**你不会当冤大头的。**你很清楚，只有当别人准备投桃报李时，你才会把自己最美好的东西拱手让人。

想想跷跷板吧。我们很多人是在游乐场和公园里长大的。在那里，跷跷板是环境的一个自然组成部分。一个人爬上跷跷板的一端，另一个人坐在另一端。大家的想法是让它一上一下地默契跷动。一人起降，另一人就能用上同伴产生的瞬时能量。

做得好的话，两个孩子都会体验到跷跷板一起一降带来的刺激。但是，如果一人贸然离开，跷跷板就会戛然而止，不再有趣。如果这时你还坐在跷跷板上，双膝顶到了肩膀，那是很不舒服的。付出与获取在这两人间创造了一种流动感。这样简单的道理适用于玩跷跷板，也适用于信任的建立。

第一次理解和阐述自己的身份时，我感受到了巨大的宁静和安慰。我还开始追问自己一些颇具挑战性的新问题：我会把自己身份显示出来的禀赋送给什么人？什么人从中获益最丰？什么人想透过更加明亮的眼睛看世界？什么人想要看见隐藏在种种未经思量的假定（关于人生如何进行的假定）之后的机遇，或看见自己的过去和自己的未来之间的重要联系？谁会放在心上？我能指望什么人来珍视我的付出，并以同样的方式做出回报？

信任创造了需要双方同时敞开心胸的**我们**。在很多方面，来自身份的这种信任是一种确认。它展示、连接并依次确认双方共同具有的最深层的人类品性。

要想知道你可以信任谁，不妨问问自己：构成了你的身份世界的每个人是否都关心你喜爱的事物？他们是否尊敬对你而言最重要的东西？你是否可以与他们随心所欲地谈论你是怎样一个人？坦诚地倾听你自己得出的答案。

要走到这一步，你必须首先真诚地面对自己。你必须解答下列问题：我是否曾经跟别人谈过自己？我是否曾经跟他们谈过我喜爱的东西？我是否曾经向他们描述过我的禀赋？我是否曾经先行一步，去建立信任？这是你的责任。你要为自己负责。

信任创造了需要双方同时敞开心胸的我们

信任是条双行道，付出重要，获取同样也很重要。基于你与各色人等建立起来的关系，寻找那些在你看来同样会敞开心扉的人。在会议、宴会和旅途上，在密谈时，向人们提出如下问题：在人生中，什么对你而言才是真正重要的？如果只有一件事情值得回忆，那它是什么？如果你能够改变世界，你将会改变什么，如何改变？如果你失去了工作、金钱和家庭，你还是你吗？

如果在多次努力之后，你得到的似乎只是冰冷的回答，或者你没有得到任何回答，换来的只是空洞的白眼，那么，你会知道，你已经触及那种关系的极限。或许你可以在微不足道的小事上信任那人，但不要在重要事务上相信他，因为重要事务会导致你向他泄露身份，并展示身份的意义。

如果你从某人那里得到的答案是郁郁寡欢的，那么，对他的不吐不快，一定要认真倾听。鼓励他，引导他，让他知道，敞开心扉十分安全，你会尊重他的弱点，保持耐心。

如果你失去了工作、金钱和家庭，你还是你吗

如果与你交谈的那个人觉得，你把他带到这个交流层面，这令他感到欣慰，那么不要错失良机。让他一吐为快。分享你们的故事。你已经在自己的关系宇宙中找到了一颗真正的恒星。或许是一颗值得加入你的内部身份圈的恒星。

扩展你的眼界

天文学家在探索宇宙时，致力于发现新星。与此相同，对你而言，睁大眼睛，寻找机遇，去认识与你有类似激情的新人，十分重要。

从许多方面看，你的眼界受限于你的关系宇宙的地貌。你眼界的大小，最为明显地表现在你组织自己人生的方式上，表现在你是如何通过工作、朋友、教会、体育或界定你人生结构的舞台，来组织自己的人生的。探寻每个活动场所，让每个场所成为寻找新人的沃土。这些新人会从你的禀赋中获益，从你是怎样一个人中获益，你也会接受他们的禀赋，认可他们是怎样的人，并对他们表示尊重。

若干年前，我认识一位名叫劳伦的女性。她在纽约市参加了一个需时两日、行程 30 英里的步行马拉松，以筹集资金，抗击癌症。她的姐姐正在忍受这种疾病的折磨。她认为这个活动会促使她做些事情，向姐姐表示敬意，同时帮助她战胜顽疾。

这次经历使她与几百人一道，穿越了大半个纽约市。在“帐篷城”里（许多参与者在“帐篷城”里过夜），劳伦最终认识了名叫阿简（Jen）的女人。阿简只有 23 岁，是一位癌症患者。

尽管白天的艰苦跋涉已经使她们筋疲力尽，但在那天夜里，她们还是花了很长时间讲述有关她们人生的故事。几乎没怎么用劳伦鼓励，阿简就讲述了她的心事，不仅涉及她患病的经历，而且涉及她的过去。她在芝加哥的南部地区长大，母亲不幸早逝。她羡慕她的兄弟，因为他们能在军中服役。阿简坦荡的心胸和过人的勇气，都极具感染力。

劳伦说她在宾夕法尼亚州的一个小镇上长大，读大学时独自冒险去了欧洲。在那里，家人不在身边，她必须自己照料自己。她说得最多的，还是她对姐姐的爱。她承认，姐姐与妈妈相比，一直都更像妈妈。她非常害怕失去姐姐，她一直为失去姐姐这个念头所折磨，而且折磨的程度比她愿意承认的，还要强烈很多。

在由那个特殊夜晚构成的熔炉里，劳伦和阿简建立了友谊。这友谊超越了她们度过的短暂时光的限制。第二天，她们手挽手地跨越了终点线，完成了那次义举。时至今日，劳伦和阿简一直都保持着联系。劳伦经常提醒我，与跟自己终生交往的朋友们的交谈相比，这场谈话的深度和意义远在其上。

抓住任何可能的机会扩展自己的眼界，这会使你保持机敏，并与自己保持密切联系。透过你的身份这面透境鉴定各色人等，这会帮助你凭借本能去了解，谁是值得信赖的人。它还会帮你滋养自己的身份，使你的身份深深地扎根于你的存在（being）。透过它，你会自自然然地观察这个世界，并最终在这个世界上找到自己的位置。

以关系定律为生，会展示创造如下美好的人生前景：这样的人生证明你威力无比。如此威力不仅会积极影响你自己的人生之途，而且会影响你通过自己的禀赋触及的那些人的人生之路。

一旦这种威力促成了你的关系，你就会全身心地投入人生。你就要扬帆远航了。这是对你“观察一下，看谁重要，他又为什么重要”的奖赏。只有达到这个境界，你才会承认：**我需要别人，当别人同样需要我时，我最有创造力。**

※练习：评估※

下列练习是身份图绘过程的第六部分。它们会帮你**观察一下谁重要，他又为什么重要**。设计这些练习的目的，是或直接或间接地回应本章介绍的不同步骤。在某些情况下，它们可能超乎本章提供的例证。

1. **把在你的身份之旅中发挥过重要“影响力”的人物一一罗列出来**，包括家人、朋友、同事以及所有进入你人生的人。只要这些人影响巨大，你也高度重视他们的看法，就要罗列出来。

穷尽了上述资源之后，扩展你的名单，使其囊括与你相关的来自不同人生领域的人。这些领域包括教会、运动队、自愿者机构，甚至包括你的大学校友或中学校友。此外，考虑那些“照料”你生活的那些人，诸如园艺师、美发师、理发师等，他们的影响力或许非常一般，但你羡慕他们的工作，也乐意与之相伴。

2. **找出你曾经有过亲密交谈的人**。所谓“亲密交谈”，指的是发自肺腑的交谈，交谈时你谈到了自己的人生难题。在这样的交谈中，你能表达疑虑、希望、恐惧，而与你对谈之人也能投桃报李。

3. **评估一下，你觉得谁会接受你付出的东西**。基于你与你罗列出来的每个人的关系，从你曾经有过亲密交谈的人开始，一一询问自己下列问题：

- 他或她是否关心我喜爱的东西？
- 他或她是否尊重对我而言非常重要的东西？
- 我是否可以与他或她公开谈论我是怎样一个人？

如果你还没有对别人讲过自己的为人处世之道，那你要有所准备，向别人介绍自己：例如，你喜爱什么，你的禀赋如何，为什么它们对你而言非常重要。如果你把这些信息压在自己的心底，那你很难在开始时做出正确的评估。

4. **你相信谁同样会坦诚相待，袒露自己的心胸，把他从列表中找出来**。你最初找这样的人时，要相信你的本能，认定你挑选的这个人肯定能行。要么是你对他们了如指掌，要么是你感觉你们之间存在着某种亲密关系。

·首先，简单地想象一下你与每个人的交谈，话题均与身份有关。尽管只是一个虚拟的场景，还是要密切关注双方的对话，特别是在你的想象中，他们对你做出的回应。把这些回应一一记录在你的笔记上。

·其次，提出挑战性的问题。在你觉得惬意的场景中，提出一些会使人们停下来思考的问题。问题的形式多种多样。这里提供三种形式，谨供参考：

如果只有一件事情值得回忆，那它是什么？

如果你能够改变世界，你将会改变什么，如何改变？

如果你失去了工作、金钱和家庭，你还是你吗？

5. **互相参照你给第二个问题和第三个问题提供的答案**。记下在这两个问题上完全符合标准的人的名字。对每个人，决定采取何种行动。行动可大可小，只要你觉得，想在未来从这种关系中获取最大的收益，这些行动是必不可少的。对每个人采取一个行动，并在一个月内执行。不论结果如何，把它们记到笔记上。继续列出条目，描述关系是如何随着时间的变化而变化的。

6. **准备做些改变**。到目前为止，你已经有所了解，也采取了行动。在了解和行动的基础上，开启整个过程，它可以深化某些关系，同时也可以淡化某些关系。

7. **睁大眼睛，捕捉新的可能性**。寻找那些事实证明与你志趣相投的新人。在工作中，在学校里，在聚餐时，或者在教堂、社群里结识的新人，如果你想以后做更深入的了解，就要一一认真记录下来。记下他们的名字，还要记下他们作为潜在的身份伙伴，最初深深吸引你的原因。去认识他们。信任你自己。

question seven

问题七：我要传达什么信息？

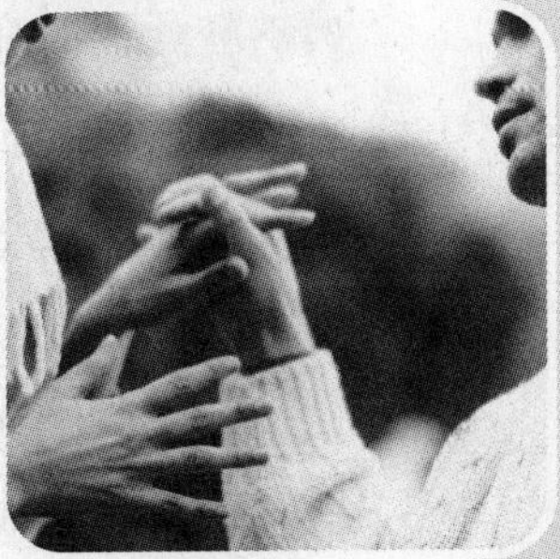

※理解定律※

只有当一个人的全部价值被领悟之后，他的各种才能才有价值。

我发现了一种宁静，一种新的成熟。我并不觉得自己比别人优秀或强大。是否人人都爱我，似乎已经不再重要。对我而言，现在更重要的是爱他们。

——贝弗利·希尔斯[①]

① 贝弗利·希尔斯（Beverly Sills，1929～2007），美国女高音歌唱家。

※克洛伊的故事※

人们在努力弄清楚自己是怎样一个人时，都要对一件事情慎思明辨：我究竟要做些什么？人们想知道，究竟是何种动机、目标和激情，使自己在一生中做出各种选择？有时候，在与人对谈时，他们会默默地四处寻找线索。他们想知道问题的答案，但进展甚微，于是得出结论说，这种表面上奥妙无穷的问题，其实是没有答案的。或者他们会通过别人寻找答案，这些人对他们了如指掌，被视为可靠的源泉。

在努力搞清楚自己究竟要做些什么时，人们最终想知道的是，他们能否与别人发生关联？如果能够发生关联的话，如何发生关联？无论结局如何，无论是深远长久的友情还是泛泛的点头之交，他们都要寻找他们可以信赖的参照系。

告诉人们，你究竟要做些什么，可以毫无保留地说明自己和展示自己。说明和展示的，不是自己的特性、技巧或才干，而是你这个完整的、未分割的存在。也就是你的存在具有的威力，以及威胁。

让别人知道你究竟要做些什么，这需要勇气。说出你的故事，这可能是一个危险的建议。你要承担被拒绝的危险，因为某些人听完你的故事，可能会对你说，他们尊重你，但无法与你相处。如果你在竞选公职，你要承担失去支持、痛失选票的危险，因为投票人不喜欢他们听到的故事。你还要承担其他各种形式的损失：如果你让你的老板知道，你无法做一件你绝对不赞成的事情，你会被炒鱿鱼；一旦你知道了你究竟要做些什么，你会发现，你的恋人不像以前那样魅力无穷了，这时，你会失恋。

告诉人们，你究竟要做些什么，可以毫无保留地说明自己和展示自己

不过，把你的故事告诉别人，你会大有收获，因此这个风险还是值得一冒的。旧关系可能会终结，但也会建立更真诚的新关系。在忍耐了由变化导致的不适后（变化总是导致不适），你会感到自豪，你有了信心，你获得了高枕无忧的能力，夜夜安然入梦。

在我认识的人中，克洛伊（Chloe）最好地展示了这种能力。克洛伊是我的朋友，她告诉别人她要做些什么，因而体验到了此举释放出来的解放性力量。

我是十年前在芝加哥的一次会议上认识克洛伊的。在那次会议上，我大谈特谈身份对于职业选择的影响。我讲完了，休息时，我注意到，克洛伊在挤出人群时，劈劈啪啪地翻看着与会者的合影。我问她，她在找什么。就这样，我们相识了。

克洛伊生活在一个富裕的芝加哥社区。在那里她和做媒介执行专员的丈夫，还有两个儿子，过着非常舒适的日子。尽管克洛伊参加那次会议的目的是为自己寻找可能的职业出路，但在我们见面的几分钟里，她还是用了大多部分时间告诉我，养育年幼的孩子给她带来的挑战与乐趣，还有她最近接受的职务——她出任了当地家长教师联谊会的主席。那时，我清楚地意识到，尽管克洛伊对于扩展

自己的个人眼界有着强烈的兴趣，但她的身份感是坚定地围绕着“为人母”旋转的。

在她温馨迷人的外表下面，我感受到了克洛伊的苦苦挣扎。一方面，在社会上，她是端庄的母亲一妻子，是社区的领导者，是众人的朋友，她在所有这些领域都技高一筹。另一方面，她来参加这次有关职业生涯的会议，抱定决心要搞清楚自己究竟是怎样一个人。正是这种苦苦挣扎捕获了我的想象力，也使得我对克洛伊这个人产生了浓厚的兴趣。正是这种苦苦挣扎，使得克洛伊更加人性化。

在我们相识大约一年后，克洛伊和家人一起搬到了康涅狄格州。从此以后，我们成了很好的朋友。我开始看到隐藏在母亲一妻子后面的那个人，听到了有关克洛伊究竟是怎样一个人的故事。

她是在纽约城的北郊长大，与她现在享受的生活相比，那时的生活极其简陋，不富裕，也没有什么特权。用她描述那段生活的话说，是脚踏实地和直来直去。

如果说，克洛伊平凡的过去还有什么事情令她好奇，那就是她对“真”（truth）充满激情。这种激情并非某种哲学式的追寻，而是本能性的探索。克洛伊觉得，生活在天然去雕饰的环境中最惬意，最可人。用她的话说，那可是“真东西”。

这种激情对克洛伊人生的许多方面都产生了影响。她从事过多种职业。终于，她对“真”的激情，以某种方式影响了她的工作表现。克洛伊从事过一项工作，那是为一家日用品公司购买广播电视网络时间。扮演着这个角色，她要经常会见重要客户，于是老板要求她注意着装。老板觉得，只有这样，才能体现出她在职业上的责任感。那些服饰极其繁琐，令她感到浑身不自在。用她的话说，她觉得自己像个“冒牌货”。这样的着装规定与她的禀赋不合，也让她怒不可遏。尽管在事业上一帆风顺，我的朋友还是只做了几个月，就毅然绝尘而去。

大约两年前，我们两家人在克洛伊家聚餐。我在厨房的角落里发现一堆照片，于是信手翻看起来。照片上的人，有些是她的孩子，有些是我们共同的朋友。有些照片拍摄的是当地海滩夕阳西下时的美景。有些照片拍摄的是一群嬉戏的狗，有些照片拍摄的是孩子，我不认识他们。所有这些照片都是黑白的。

我问，这是谁拍的？克洛伊承认是她拍的。不过，她对我的问题的解答，本身又包含了一些难言的问题。仔细辨析后发现，隐藏在她的言词之下的问题是：她的摄影技巧如何？看到她在摄影方面表现出兴趣，我是否觉得诧异？在这个新奇的语境里，我是如何看待她的？

我真诚地铭记着她的努力。这些照片不是普通的照片，它们展示了深思熟虑的布局。它们是自然而然地产生的。在它们下面，有一条欢快的潜流。

我问她，为什么她的照片都是黑白的？她告诉我说，颜色只会碍事。我问碍了谁的事？她回答说：“碍了‘真’的事。”她继续说道：“颜色无关紧要。”根据她的思维方式，黑白形象是永恒的创造。这也恰恰就是她要透过照相机镜头追寻的东西。

此后我们多次会面。每次会面，我都会看到，克洛伊在“永恒的创造”的名义下，挥舞着相机。有一天，我在当地的报纸上看到了一幅有关体育比赛的照片，那是黄昏时分在沙滩上举行的一场比赛，照片的作者就是她。照片的下方，用小字印着她的名字。就我的朋友最终发送出来的信息而论，在我的心目中，这张照片足以抵得上千言万语。

克洛伊对摄影日益浓厚的兴趣，慢慢开始以家庭照和风景照的形式开花结果，朋友（偶尔也有出版机构）付她报酬。一天下午，我对克洛伊日益提高的成绩大加赞赏。她没有面带微笑，一味地接纳我的赞美之辞。相反，她看着我，眼睛里充满了狐疑。在她回应我的赞美时，声音也包含着不安。

克洛伊对我说的话，仿佛是她一直都在排练着要说的话。那不是排练了几分钟或几小时的，而是排练了几个月甚至几年的。我漫不经心的言词让位于强烈的关注。

克洛伊几乎是以充满歉意的语调解释说，自读高中以来，她一直痴迷摄影。摄影使她遁有形于无形之中。就好像一直都在躲藏着，不过又总是能够随时捕捉她周围正在发生的一切。既处在那个“藏身之所”，又通过相机与周围保持联系，这令她大有生龙活虎之感。

多年过去了，她的照片成了她送给别人的最重要的礼物。她强调，使得这些礼物非同寻常的，是这样的事实：对于得到这些作品的人来说，她的作品总是一个惊喜。她永远不会让别人看到她在拍摄他们。在她介入某个事物或场合时，她也从来不向别人展示她的摄影样品。她会一直等到事件彻底结束，才把照片送给被拍摄的人。被拍摄的人得到时照片，总是感到不可思议。了解了这一点，克洛伊甚是陶醉。这强化了下列事实——她的照片是真正的礼物，而且“礼物”一词是就这个词的最佳意义而言的[①]。

颜色只会阻挡通往“真”的道路，她的照片呈现了“真”的面目

说这番话时，克洛伊双目熠熠生辉。她说：“点击电脑上的**发送**钮时，我的心怦怦乱跳。于是，我知道，我已经通过自己的作品，对别人承担了某种使命。我猜，我是在发送‘真’。”

她停住了。再张嘴时，她的目光已经离我而去。她的言词出乎我的意料，令我措手不及。克洛伊以非常慎重的语调坦诚地说道，她以前总是以为，一个人要想当摄影家，就必须腰缠万贯和行为怪异。腰缠万贯，是因为照相机极其昂贵；行为怪异，是因为她认识的摄影家或她看过其作品的摄影家，似乎都不守规矩和怪里怪气，总之不像“正常”人。

但克洛伊既不富裕，也不怪异。尽管她喜爱这门艺术，却永远不想把自己弄成那个样子。这种想法折磨了她多好年。结果，在谈到自己时，她永远不用“摄影家”一词，她不想充当冒牌货。

几个月后，我去参观一个摄影展，克洛伊的部分作品也在那里展出。挤进人声鼎沸的大厅，我看到我的朋友在靠近大门的桌子上

---

① 在英文中，“gift”既有“礼物”的意思，也有“禀赋”的意思。这里作者要表达的意思是，克洛伊的照片既是“礼物”，也是她的“禀赋”的流露或呈现。

摆了一大摞自己的名片。这些名片，我以前从未见过，这让我大吃一惊。

她站在那里，要让人人都看得清清楚楚、明明白白：我就是一个**摄影家**。那堆名片，一定有数百张之多。除了她的名字、电话号码和电子邮件地址，每张名片上都印有两张小巧而醒目的黑白肖像照片。这两张小小的照片，使她的名片与其他人的名片大异其趣，因为其他人的名片上，只有文字，没有照片。

我在展览会上呆了大约一个小时，观赏克洛伊的作品，以及当地其他摄影家的作品。我看到，克洛伊跟别人聊着她的影像；我觉得，她还会跟别人谈及摄影的兴趣与需要。

离开时，我瞅了一眼大厅前面的桌子，发现克洛伊的名片已经所剩无几。严格说来，只剩下了19张。我笑了。克洛伊最终搞清了自己的信息，并以2×2．5英寸的名片的形式，把它发送了出去。她克服了恐惧（她害怕别人把她当成“冒牌货”而遭受排挤），挺了过来。如果我正确地解读了她的信息，那么，我相信，她最喜爱的“真”就是她自己。

她克服了恐惧（她害怕别人把她当成“冒牌货”而遭受排挤）

※自由：表白真实的我※

我要传达什么信息？这个问题对我们的人生有着极其重要的影

响力。我们迫不得已，以各种各样的方式，再三地解答着这个问题。在我们撰写的作为大学入学申请的一部分的论文里，找工作（不论高中毕业、大学毕业还是研究生毕业）时我们所填的“简历”上，以及任何需要表述我们是怎样的人的时候，这个问题都会顽强地浮出水面。

即使你是个幸运儿，即使你在事业上一帆风顺，在你从普通员工爬到了管理者或领导者的地位时，你还是要面对这个问题：你的信息是什么？这不仅关系到你想让他们去做什么，或者怎样做，更重要的是，他们为什么要服从你的指示。

同样，这个问题也会在日常生活中困扰着我们，比如在大型的社会集会和社区集会上，当你第一次被引见给别人时；在私人宴会上，当你身处一小群人中时。此时人们彼此间的信任只能维持三四个小时，他们需要知道站在眼前的都是些什么人，从而使谈话进行下去。在这些情形下，你可能会设法搞清楚大家喜欢什么，什么事对他们而言比较重要，然后说些你觉得他们爱听的东西。你可能会提供些你觉得可靠和轻松的信息，给别人作话题。或者，你可能会一心一意寻找机会，告诉人们有关你的情况，说明本质上你是怎样一个人。

在多数人看来，“理想”状态下的自己应该是个“万人迷”，能和所有人打成一片。这样的自己最“可靠”，也最不容易受到攻击。可事实并非如此，一味走“可靠”路线，其实是最不可靠的。从大学招生办公室的招生主任，到你想结交成朋友的人，再到你的同僚、下属，多数人都在寻找有关你人性化一面的蛛丝马迹。这样的蛛丝马迹使他们有理由相信，你是个真实的人，是他们应该冒险结交的人，或许也是应该信赖的人。

不仅如此，总是设法掩盖自己的真实想法，从某种意义上说，会给每个人带来损失。借助于变色龙般的技能从事商务或社交活动，会使这些活动看上去很轻松，但是随着时间的消逝，它会腐蚀你的自豪感，因为你知道你整天都在装模作样。此外，把你的真实自我隐藏起来，会使别人一直猜来猜去，使别人的日子过得更不轻松。

如果有人想深入地了解你，你应该向他们敞开心扉。否则，即使是与你相处甚久的人，你的朋友、老板、良师，甚至你的伴侣和家人，都无法解读你的心理活动。他们无法进入你的心灵，无法了解，什么东西会使你兴奋莫名，什么东西会使你快乐无比，你又喜爱些什么东西。就好像，他们愣愣地站在那里，一脚悬在空中，耐心寻找着落足之地，等你发出信息。本来看上去可靠的东西，也会变得不那么可靠了。

刻意隐藏你要做的事情，会腐蚀你的自豪感

有个陈腐的说辞，叫“整体大于部分之和”。

尽管这个说法在商务圈以及其他人生领域流传甚广，但我们很少意识到，这种想法最生动的范例是作为单个人的我们自己。我们的“部分”（臂、腿、心、脑、皮、眼等），神奇地融合成了一个独特的人类生命（即我们）。与这个独特人类生命相比，我们的“部分”不足挂齿。我们就是这样看待人的，即把人视为完整的生命。

与你的身份相比，再也没有什么能使你变得更完整了。换言之，你的信息要到你生命的整体性中寻找，不能到你的各个部分中寻找。世界需要倾听这个信息。

直到我面对着坐满了会场的听众，准备表达我对身份问题的激情时，才觉得自己已经万事俱备，只差让这个世界了解，我究竟要做些什么了。多年以来，我小心翼翼地隐藏着，不被雷达发现。在帮助公司和个人时，我知道自己是怎样一个人，当然，我也会让我对身份的激情展示在我做过的任何事情上。不过我从来没有勇气，在公共场合，毅然决然地挺身而出，表明自己的看法。我会让我的文字、著作为我代言。现在，我要代表自己开口说话，我要使自己的信息变得一清二楚：**我是拉里·阿克曼，我受一种需求所驱使，那就是帮助人们恢复视力。**我在说这番话时，深深地舒了一口气，如释重负。我觉得自己一丝不挂地站到了听众面前。我心里明白，开弓没有回头箭。我终于获得了自由。

我的信息是什么？这个问题的答案提供了获得解放的希望。它能把我们从下列恐惧中解放出来：回归本性，成为你所是的那种人，做你知道你必须做的事情。解放带来了自信，你不必再害怕别人如何看待你，不论他们是怎样的人。是的，你可能要面对这样的场景，即，被你器重的人所鄙弃。面对这样的场景，需要勇气，但你已经意识到，你无路可逃：**你必须传达自己真实的信息。**

我们的“部分”（臂、腿、心、脑、皮、眼等），神奇地融合成了一个独特的人类生命（即我们）。与这个独特人类生命相比，我们的“部分”不足挂齿

在我们的生命进程中，总有那么一天，我们再也找不到借口，回避这些质问：我们为什么不能有所作为？为什么不选择一条道路，并勇敢地走上去？为什么不去冒一冒险？我们过去总有这样那样的理由去回避，结果没有得到一直都在期待的赞美、一直都在追逐的金钱和一直都在渴望的爱情。到了这个地步，我们不得不做好准备，向世界表明我们的心迹。我们已经做好了获得解放的准备。

※凭借你的禀赋之力，表白自己※

获得解放不是一种自然的生命状态，而是一种感觉，它在骨子深处隆隆作响，希望被人发现。有很多种方式描述我说的这种感觉，但全都始于囚禁。

在我们生命的进程里，我们总是反复投靠某些人或某些机构，为的是被接纳、雇佣、爱护、养育或认可。我们做这些，为的是生活下去。我们生来就有身份，那是我们生命的精粹。但多年以来，我们一直推迟这强大力量的到来，因为我们只有这样做，才能跻身于公司、会所甚至家庭。有时我们明白自己做出这样的选择究竟意味着什么。有时候，我们是不自觉地做出这些选择。无论自觉还是不自觉，我们都允许自己被人囚禁。

过了一段时间，囚禁变得沉重起来，甚至不甚重负。一旦你的身份开始生根发芽，一旦你的身份开始茁壮成长，以至于到了无法容身于囚禁它的牢笼，这种情形就会发生。一旦你在自己的身份之旅上走到了这个地步，最渴望的事情，就非解放莫属了。你渴望获得解救。

获得解放，这种冲动是冲绝罗网的。这种令你刻骨铭心的冲动已经到了剑拔弩张的地步，你必须得到释放。需要有人聆听你的声音。那么，你是如何意识到你有希望获得解放的呢？答案是，**凭借着你的禀赋，表白自己**。

表白（declaration）是一件很严肃的事情。它意味着下定决心走上某条道路，抛弃其他坦途。表白事关选择，它是无法回避的。你在读大学时，必须说出你的专业，这能表明，你对某些事情更感兴趣。你要告诉世界，你打算把自己学习重点置于何处，甚至你将选择怎样的学习方式。

使得表白如此强劲有力的，是其意图。一言以蔽之，意图在于**消除疑虑**。它要使人们明白某些道理，而在此前，人们对这些道理是糊里糊涂的。表白揭开了掩藏秘密的面纱。它要强调某些事物的重要性，通常，都是首次强调。当克洛伊把一堆名片放在摄影展的桌上时，她意在消除疑虑，不再怀疑自己的禀赋。她的禀赋就是通过影像，把“真”传达给人们。现在，她与别人对话，话题更广阔，态度更执著，对话也更有意义。

在人生中，你的“专业”应该是什么？要想表白这一点，了解你的禀赋至为关键。它是对你的身份所做的活生生的、实用性的表述。它就是“你的信息”的目录。

尽管力量强大，许多人还在犹豫不决，踌躇着要不要发出自己的信息。不是因为他们不知道自己的信息是什么，甚至也不因为他们害怕别人不喜欢这样的信息。真正的答案令人诧异：许多人对于他们即将获得的力量感到恐惧，因为这力量意味着，从此之后，他们真的只能自力更生，只能依靠自己。

曾几何时，因为没有意识到这些，我们让自己依赖他人，让别人照料我们。如此这般过了很久，我们才真正长大成人。他们（父母、朋友、老板或好心的老师）告诉我们，他们觉得我们是怎样的，或者应该是怎样的。不管意识到还是没有意识到，我们喜欢服从他们的管制。躲在别人的羽翼之下，自然舒适，甚至安逸。但一旦你表白了自己，你就要与那些照料你的人各奔东西，你就要为你在生活中遇到的一切负责到底。现在，你是自己命运的主宰，你是自己生命之舟的船长。

致力于破译自己的身份密码，会使你踏上一条不归路。它必然导致这样的结果，即毫无戒备地表白自己。在那一刻，过去在表面看来甚是严密的逻辑（它阻止你表明披露自己的信息），终于让位于灵魂的逻辑（它促你勇敢前行）。当你把自己展示给这个世界时，理性退缩了，你不再被别人说三道四，你在自己的身份的光芒下被人观赏。在那一刻，依据别人对你的看法得出的结论，已经完全毫无意义。

在人生中，你的“专业”应该是什么？ 要想表白这一点，了解你的禀赋至为关键

对你的信息进行彩排

即使最娴熟的音乐家也要在正式出场之前进行彩排。此前，艺术家唱那首歌，可能已经超过百遍，但进行彩排，还是会更新她的记忆，再次唤醒她内心的乐感，仿佛她是在首演。

在发送你的信息之前，既要在现实中，也要在心目中，对你即将发送的信息进行彩排。想象着与你高度信任的人进行一场对话。想象着他们询问你人生的目标，以及你在世界上的位置。话语不必多，而且要借身边的话题进行。围绕着职业生涯、你的朋友或你的选择（你正盘算着读哪所学校）进行的话题，会透露有关你身份的消息。面对着你并不特别了解的人，被要求“介绍一下你自己”和“说说你的过去”，显然是在要求你自己告诉别人，你是怎样一个人。

若干年前，我参加了一个探讨领导能力的会议。会上，确定基调的主讲人，一位伶俐热情的年轻女士，要求坐桌子周围的与会者逐个做自我介绍，也就是说说有关你的某些情况（寻常的职业描述除外），展示你是怎样一个人。

我脑海里至今挥之不去的，是一位特殊人物。他是荷兰一家著名大型公司的财务总监。他的头衔与背景，与他的黑色正装、笔挺的衬衫一道，令人刮目相看。不过，与他的服装和地位相比，他的故事更能揭示他的品性。

他说，他在荷兰一个偏僻的小农场里出生、长大，小时候跟爸爸一道开拖拉机。他忆起这段人生时，表现轻松，说起来，也很有感情。很小他就知道为什么要辛勤工作。他就读的小学和中学十分普通。他就读的大学离家很近，因为他成绩一般，无法进入梦寐以求的英国的大学。过了一段时间，他突然意识到，自己特别擅长于数字运算；意识到这点之后，他开始四处寻找工作，只要这种工作能够使自己这种禀赋派上用武之地，就可以了。

最后，他吃吃地笑着承认，他甚至连自己都无法相信，他终于在这样一家大型国际公司谋到了职位。用他的话说，就是“农夫的儿子竟然成了财务主管”。几乎是作为事后才有的想法，他又说道，在人生中，他很早就了解了数字的重要性，因为那时候，清点他家母鸡所下鸡蛋的数目，是他每天的例行事务。只有这样，鸡蛋才能正确计量，才能打包出售。

我感谢他与大家分享他的故事，并用新的眼光审视这个人。少许几个短暂的瞬间过后，在我眼前，这位身着黑色正装的荷兰财务主管更加和蔼可亲了。

无论你们是亲密异常的旧交，还是刚刚结识的新友，试着把你的情况告诉大家。一般说来，要像织布一样，把有关你的人生目标的少量信息，你的人生目标与大家的相关性，以及你的人生目标与人生的相关性，统统织进会话。

你在一生中要做众多选择，在这方面，彩排你的信息，会帮助你理解你的禀赋具有的丰富含义。这样，在你准备正式出场时，有各种不同的可能性供你考虑。

寻找你的论坛，讲出你的故事

当你在心中彩排你的信息时，你很可能会发现，你反复回到一个特殊的“地方”。你可能想象着自己站在大学的教室里，或者站在一个重要会议的讲台前。很可能，你跟几十个教友一道，不断回到会客室；或者跟一群值得信任的同事一道，再三走进你的办公室。

试着把你的情况告诉大家。把你的禀赋与身边的话题绑在一起

你正在苦苦寻找的是一块舒适地带。说“舒适地带”，是就这个词语的最真实的意义而言的。你的使命就是找出或创造实实在在的场景，在那里你拥有畅谈需要和机遇。

在我生命的进程里，我曾经找到许多论坛，在那里讲述我的故事。第一个论坛是我的拉比的办公室。我十来岁时就认识这位拉比，并对他深信不疑。从那时起，我面对着读书会的会员，开始讲述自己的故事。即使只讲故事的一部分，也没有问题。那时我们规定，要把自己阅读的东西与我们是怎样一个人，联系在一起。

随着自信心的提高，我的论坛日益公开。在从事了几年咨询工作之后，我渐渐在客户面前讲述我的某些故事。我觉得，这些客户乐意倾听有关身份的真心话，乐意理解这些真心话会如何影响他们个人和他们的机构。时间不长，我的论坛渐渐开始包括一些演讲和会议。但还是过了多年之后，我才有勇气，在一个大会堂里，在几百个素昧平生的人面前，讲述自己的故事，即真正地表白自己。

到时候，你将能够几乎随处传播自己的信息。多做练习，它会成为你的第二禀赋。此刻，舒适之所以重要，是因为它允许你全神贯注于身边的挑战。你会知道，你已经找到了正确的地方。因为一旦你抵达了这个地方，你的自然本能就是彻底放松。

把你的信息传达给别人，或者说向别人表白自己，这种做法的前景甚是可怕。其可怕的程度，并不亚于你发现自己在月黑风高之夜，迷失在密林之间。你不知道应该走向何方，但你知道，你需要不停地走下去。找到供你讲述自己故事的论坛，犹如在密林之间看到一团热情的篝火：你可能不熟悉这个区域，但刹那间，温暖的篝火令你沉着，令你镇静，令你感到舒适。

到时候，你将能够几乎随处传播自己的信息

言必行

事实胜于雄辩，这是公认的智慧。寻求细致具体的证据，判断某人是否言行一致，是我们的禀赋。克洛伊的名片就是坚实的证据，它能证明，克洛伊决定成为（也愿意被人视为）摄影师。尽管看上去貌不惊人，这些名片是在发送邀请，它邀请人们用新的眼光来看待克洛伊。从社会的层面上讲，她是多才多艺的贤妻良母；作为一个个体，她还能以她特有的方式创造价值。

不发送出去，你的信息就不是信息。“发送”信息的方式多种多样。可以口头发送，比如面对公众，发表演讲，比如与少数人对话。你在发送自己的信息时，可以谈谈你是如何打发时光的，你赖以为生的最不可或缺的东西是什么。

信息不是躺在你的桌子上或床头柜上的记事本里的豪言壮语。信息也不是你要与父母、老师、老板、伴侣或刎颈之交进行的一场讨论。信息把你与他人直接联系在一起。信息只关乎行动。

与表白自己相伴而生的，是“言必行”的责任。事实上，可能你要弄明白的是：虽然你做好了准备，要发送自己的信息，但是，你更要做好准备，说到做到，决不食言。你会渴望有所作为的。

最近做了一次演讲，讲完后筋疲力尽，却又异常兴奋。休息时，我用了20分钟时间，解答现场的提问。在离开之前，我急于在短时间内，尽可能多地与人接触。有一场对话，令我久久难忘。

一家航空公司的中年经理迫切地询问，如何促使他的高级主管把基于身份的管理实践当作改善管理的方式来接受？交谈了五分钟之后，他戛然而止。他看着我，对我说，我的谈话对于他个人来说意义重大。他承认，他是个瘾君子，身份问题令他激动不已。

在那一瞬间，我们的关系从愉快走向深沉。我们在附近的会议室呆了将近一个小时，我一直专心致志地倾听。我深深地感到自己有责任去帮助他，内心也充满了这样的冲动。几分钟过后，我对他解释说，他可以从现在开始，建设性地正视自己的问题，并鼓励他做些简单的练习。最重要的是，我向他保证，他的问题的答案并不遥远，唾手可得。

一旦你向这个世界表明你是怎样一个人，你就成了你自己的主宰

你可能一直沿着由你的身份显示出来的道路长途跋涉，但别人依然不知道你是怎样一个人。处于这样的境地，令人痛苦不安、身心不宁。虽然你已经倾尽全力，破译自己的身份，但到最后，你依然觉得功亏一篑。或许你对自己取得的成就感觉良好，但依然没有到得强烈的满足感。之所以如此，是因为没有坚持做完“表白自己”这项练习。这令你脆弱不堪，或者让别人冷眼旁观。

一旦你向这个世界表明你是怎样一个人，你就成了你自己的主宰。你成了万有引力之源，必然地吸引某些人，排斥某些人，最终还会为你选择置身其间的世界指明方向。

当你最终告诉这个世界，你究竟要做些什么时，你就会展示你一直都知道的东西：**为了建立有意义的关系，我必须首先让别人知道，我究竟是怎样一个人。**

※练习：表白※

下列练习是身份图绘过程的第七部分。它们会帮你**凭借着你的禀赋，表白自己，进而弄清楚自己的信息**。设计这些练习的目的，是或直接或间接地回应本章介绍的不同步骤。在某些情况下，它们可能超乎本章提供的例证。

1. 想象你与自己非常信任的人进行一场谈话。他们在打听你的人生目标和目的。

· 在上部分的末尾，你在解答第五个问题时，列出了一些人的名字，现在回到那里。关于你自己，你想让这些人了解的最重要的两件事情是什么？

· 这两件事情为什么对你而言非同寻常？它们会怎样影响（或可能影响）他们的人生？把答案写下来。

· 设想你正在撰写戏剧脚本或电影脚本。试以简短的对话形式，记下对话是如何逐步展开的。当然你认识那些你罗列出来的人。

2. 寻找机遇，与你列出的每一个人进行一场真正的对话。

· 直接或间接地谈谈你的禀赋，说说它是如何有益于（或可能有益于）你与他们的关系的。

· 与你想象的对话相比，现实的对话是如何展开的？把这个过程记录在案。

3. 在心里，尝试着向听众介绍自己。想象一个公共论坛（无论大小），在那里，你告诉大家，什么东西对你来说最为重要，为什么这最为重要的东西与听众有关，或应该与他们有关。设想不同的场景，比如你的工作场所、宴会、你父母或孩子的住宅、你的教会、社区大会或镇民大会。用一两句话写下你的发言。

4. 寻找真实的场景，你在那里会有机会畅谈，你所面临的挑战是如何激发你的禀赋的。考虑家庭聚会、支援团体会议、与朋友出游的周末或者你的工作场所。

・选择最佳场景，即你感觉舒适和（一般说来）感到温馨的地方，进行这场对话。制定一个计划，在一个月内进行这场对话。

・把下列内容记录下来：在你个人的身份之旅上，这场对话结果如何？描述你对这场对话的感觉。总的说来，它是积极的体验，还是消极或不适的体验？用细节说明你的反应。

・如果还有下一次，你的做法会有何不同？描述之，并解释原因。

・考虑：下一个表白自己的最佳机遇将会出现于何时？制定一个充分利用它的计划。

question eight

问题八：我的人生会富有吗？

※循环定律※

身份支配价值，价值制造财富，财富激发身份。

一个人在下定决心之前，总是犹豫不决，总有退路可寻。说到有关主动性和创造性的所有行为，有一个基本的道理不可不明，因为不知道这个道理，就会扼杀无数的想法和辉煌的计划。这道理就是：只有人类毅然下定决心，天意才会眷顾。

——默里[1]

① 默里（W. H. Murray，1913～1996），英格兰著名登山家。

※戴维的故事※

对很多人来说，梦想自己的人生有所变化，一直是宴会上的谈资：美好的幻想、芬芳的欲望和生动的形象，都以令人深思的方式，活跃了原本乏味的餐桌会话。一旦宴会结束，客人鱼贯而出，会随身带走自己的梦想，直到下一次相逢，那些梦想会再次一片沸腾。

这个模式将持续一生，直至你摆设或参加最后一次宴会。到那时，你的梦想就像冰箱里存放很久的剩饭剩菜，已经彻底变馊。它们已经一钱不值。

对某些人来说，除了这些对话，别无所求。他们描述的可能性令他们感到温暖，与此同时，使自己与那个充饥的画饼保持距离，令他们感到惬意。尽管饥肠辘辘，他们却能想象自己肠肥脑满。

某些人则胃口大开。他们设想的人生充满了希望的芬芳。他们饥肠辘辘，而且不能对此视而不见。说得形象些，厨房成了他们的家园。他们已经着手准备，要尽其所能，使自己美梦成真。和我的朋友戴维（David）一样，他们已经下定决心，要把自己的专有食谱变成一生的食粮。

我认识戴维时，他刚刚离异，正在找工作。戴维的人生多次转向。他从一家声望很高的商学院毕业，那是在我们相识的20年之前。毕业后，他在自家开办的建筑公司工作（这家公司一度生意红火），自己也开办过风险投资公司，创建过工业设计公司。从财务方面讲，戴维的这些努力都终结硕果，但这些工作，没有一项令他称心如意。

戴维身材魁梧。他身高六英尺八英寸，体重 275 磅。从体格上看，他给人留下的深刻印象是，只要下定决心，无论他想做什么，都能手到擒来，马到成功。我觉得，不从体格上讲，而从精神上讲，戴维应该是人在旅途之人。不过，我还不太清楚，到了 45 岁这个年纪，他是否已经踏上这样的旅程。

我们认识不久，他娶了新太太乔安妮，两人住在颇具当年殖民地色彩的家里，家里布置甚是可爱。他家离我家不远。他家里全是古董，不是那种动辄价钱连城的古董，而是普普通通、库存过剩的商店旧货（你会在新英格兰的乡下找到这样的商店），是那种极其简陋的古董。

如果说戴维还有什么持之以恒的激情，那就是教会了。他花了很长时间，在周末挤时间，甚至占有工作时间，自愿为教会做这做那。我很快发现，他怀揣这股激情，并不是想当优秀公民，也不是乐于助人。

随着时间消逝，戴维越来越多地谈及他对宗教的热诚（他是美国圣公会教徒），谈论宗教如何决定了他的生命观。他开始与教会的教区长共事。他定期帮助解决圣餐礼的问题。他开始与牧师谈论他觉得适宜和重要的布道主题。

戴维把他对宗教的激情带到了我们一起参加的许多宴会上。不是以那种布道的形式，而是以协调的方式。他谈到，基督徒和犹太人是如何分享同一个上帝的。他指出的是这些信仰的相似之点，而不是相异之处。

戴维一张嘴说话，立刻令人感到温暖、欢欣和宁静。我至今清清楚楚地记得，有一回，戴维跟我一起去缅因州的北部地区钓鱼。钓鱼中间休息时，我们谈到了上帝的本质。突然间，我们都意识到，最能彰显上帝“本质”的，莫过于当我们坐在船上钓鱼时，我们四周的美丽景色。戴维盯着我，笑着说：“你明白我什么意思了吧？大自然并不专属于这种或那种宗教。”

戴维一张嘴说话，立刻令人感到温暖、欢欣和宁静

戴维还身怀绝技，他能使宗教成为所有人都可以谈论的舒适话题，无论这些人有着怎样特殊的信仰。他这种宽宏大量的生命观，以其毫无威迫的方式（这令人赞叹），使他能把每个人拉入自己又长又宽的双臂之内。

戴维的旅程开始加速。一年后，他把自己的决定告诉了我（他做出这样的暗示已经很长一段时间了）：他就要退出商务界，加入神学院。他和乔安妮即将出售他们的房子以及大多部分财产，然后搬进纽约市的一个单元房。他要加入的神学院就在那里。他要把工业设计公司的产权转让给他的合伙人，也不再关心其他的商务活动。他已经做出抉择，乔安妮表示支持。戴维就要成为牧师了。

我并不感到诧异，只是心存敬畏。我最好的一位朋友，不仅做了自我表白，而且把自己全部托付给自己的激情，托付给生命攸关的真正事业。这是我亲眼目睹的。

两个月后，我花了整整一天时间（那天是星期六），帮戴维和乔安妮打点行装。我们把物品分门别类：有些保留，有些贴签廉价出售，有些交给家人，还有少量的物品，带到他们即将入住的小单元房。我仿佛置身于电影之中，仿佛置身于改变他人生轨道的戏剧之中。本质上，这恰恰是我要做的，即从方法上帮助我的朋友逐一拆解已有的东西。到目前为止，这些东西就是他的生命。戴维的梦想正在快速变成现实。

如今，戴维在康涅狄格州的一家教会做牧师，在每个星期日的早晨布道，在教区居民需要安慰时，提供安慰，面对众人传播自己的信仰。这些人非常幸运地成了他的团体的成员。我们还是常常见面，一起进餐，一起畅饮。从钓鱼到上帝，我们无所不谈，百无禁忌。

当我凝视朋友的眼睛时，我看到了喜悦。这倒不是说他生活安详，更不是说他生活俭朴。绝非如此。戴维承认，当牧师是一件费力的苦差事。此外，我听他描述他现在的日子，很难判断，对待别人，他究竟是付出多于收获，还是收获多于付出。不过，这无关紧要。我的朋友在追逐自己的梦想，而且已经家财万贯。

※有了得以坚持的希望※

我们问自己，我的人生是否会变得富裕？这个问题是令人汗流浃背的众多问题之一。有些人汗流浃背，是因为感到焦虑，而感到焦虑只是因为自己对答案一头雾水，茫然无知。有些人汗流浃背，是因为怀揣热切的希望，觉得自己可能会在某年某月某日挣到大钱、中到大奖。无论何时何地，只要说到富裕，总是令人奇妙地想到金钱，以及可用金钱购买的东西，包括豪华汽车、高档住房，包括孩子可以接受的良好教育，当然最重要的是，包括假想出来的免于烦恼的自由。“变成富人”，意味着获得了免于烦恼的自由。

还有些人汗流浃背，是因为他们意识到，如果继续从事自己一直都在从事的工作，**“我能否过上富裕的日子?”**的答案很可能是否定性的。他们对家人怀有高度的责任感，他们努力保护多年积聚的财富，甚至要积聚更多的财富，这已经占据了他们人生的全部。除了工作，他们的人生完全听凭“任务”清单的宰割，包括办理抵押、交纳学费、观看足球比赛、修剪草坪、甩卖糕点、观看独舞表演、参加教会晚餐，等等。尽管很多诸如此类的经验会带来满足感，但它们排除了“表达内心深处的激情”的希望，而正是内心深处的激情，维系着人的内在生命。

人们在为错误的东西汗流浃背。尽管你投入了大量的时间，急于“知道”你未来的人生会发生怎样的变化，但你将来会碰到什么事情，依然是个秘密。尽管你做了很大的努力，想使自己在金钱方面变得富裕，但无法预见的环境完全可能颠覆你的梦想。尽管你投入了大量的精力，使自己面对下列事实——你在自己的人生中没有为自己留下回身的余地，但是追悔莫及已经毫无意义。

值得汗流浃背的是，从现在开始，是否能够公正地对待自己，公正地对待别人。先是你自己，然后才是别人，这个顺序是精心排列的。你只有建立了能够反映你是怎样一个人的关系，才能“公正地对待”别人。你的身份是**活的透镜**，透过它，你可以安全地介入这个世界，制订英明的决策，并据此创造你和别人都信任的人生。

值得汗流浃背的是，从现在开始，是否能够公正地对待自己，公正地对待别人

同样值得汗流浃背的是，你是如何界定**富裕**一词。有钱没有什么不好。一贫如洗未必高贵，富可敌国未必可耻。不过，财富可能事关金钱，也可能事关使人恋恋不舍的其他东西。它仿佛磁铁一般，不断把人引向那里。举例说吧，朋友和家人对你发出由衷的赞许，会激励你下定决心，加倍努力，再次赢得更多的赞许。

过上“富裕的日子”，这种想法会令你做出判断，什么才是真正重要的东西？什么组合在一起，才能构成这样的东西——你可以自豪地称之为你自己的人生？

最后，值得汗流浃背的是，你给后人留下了些什么东西？你现在做出的决定，你现在采取的行动，会不会全凭你个人的缘故造福于后人？多年过后，黛安娜非凡的园艺才能是否传给了他人？乔治创办的市场调查机构是否成了一个平台，下一代充满好奇心的人能否立足于此，在这个颇具挑战性的领域展现自己的才能？克洛伊的子女和客户是否会缅怀她的一生，并感谢她为他们献出了特殊的禀赋？

我能否过上富裕的日子？这个问题不仅事关今日，还事关明天。它事关你是否会被人铭记，事关你因何被人铭记。

公正地对待自己，明白富裕对你而言意味着什么，设想一下，你渴望如何被人铭记，所有这些都是绝对值得汗流浃背的大事。之所以如此，是因为**“我能否过上富裕的日子?”**的答案，会带来持久坚持下去的希望。

我这里要说的不是这样的问题：跑完十英里的公路赛、跨过沸腾的江河或游过风高浪急的湖泊，需要具备哪些条件？我要说的是，你开始了自己的身份之旅，但你交往多年的朋友觉得你不像以前那样易于相处。而作为一个人，面对朋友的排斥，你要持久地坚持下去，需要具备哪些条件？或者，你终于鼓足勇气，向你的老板说出了心里话，而你的老板觉得，你的想法与他如何造就优秀员工的想法并不一致，并因此炒了你的鱿鱼。面对这样的损失，你要持久地坚持下去，需要具备哪些条件？或者，你选定的道路并不是那么金光闪闪，你不知道它将把你引向何方，于是在清晨两点之时，在极度自我怀疑的状况下，你还要持久地坚持下去，需要具备哪些条件？

什么组合在一起，才能构成这样的东西——你可以自豪地称之为你自己的人生

我要说的是另一种持久的坚持。这种坚持支撑你面对着时间的消逝以及不可避免的死亡，持久地坚持下去。循环定律讲述的就是有关循环反复、无穷无尽的事故。作为人类，也许我们无法在物质生命的意义上永远持久地坚持下去。但在精神的层面上，我们没有问题。如果你贡献了你的禀赋，无论是什么禀赋，无论这禀赋是大是小，那么，即使在你去世很久之后，你留下的遗产照样会创造价值。

持久的坚持源于何处？我这里所说的这种持久的坚持，源于对你自己，拥有一种整体的感觉。当你觉得自己作为一个人完整无缺之时，你才会有这种踏实感。从心理学上讲，这时候，没有哪一部分是脱节或迷失的。持久的坚持源于情感状态良好。持久的坚持源于，你的自我受到了有意和无意的沉重打击，随后又不可避免地感到愤怒、痛心和失望，但你最终咬牙瞪眼地挺了过来。持久的坚持源于，诚实地面对自己，知道自己是怎样一个人，不是怎样一个人。持久的坚持源于骨子里的惬意。一言以蔽之，持久的坚持源于保持诚实。

即使在你去世很久之后，你留下的遗产照样会创造价值

※向身份的引力投降※

意识到自己有希望持久地坚持下去，方式就是**向身份的引力投降**。向任何一种事物投降，听上去都有些凄凉。仿佛你已经屈服、认输、退避三舍、俯首听命。

对于某些人来说，这种“投降观”会激发令人不爽的联想。你可能会想到这样的场景：有人要你从高耸云端的悬崖一跃而下，或者让你一头扎进黑不见底的深渊。这些都是令人胆战心惊的念头。丝毫都不奇怪，这些人会反问：你是不是彻底疯了，竟然想着要投降？

你错了。向你的身份引力投降，就像跳进了安全网。它就摆在那里，等你看到它，等你奋身一跃，投入它温暖的怀抱。你现在正在做的，就是把你生命的情感交给你最可信赖的部分。你指望着这一部分做出明智的决定，建立意义重大的关系，指导你历经苦难，驶向洞天福地。在这个世界上，你可以把这个洞天福地称为你自己的洞天福地。向身份的引力投降，是公正地对待自己，以及公正地对待他人的必要条件。

让你的身份引导你的人生

我们全都要面对责任，它影响我们的日常行为。清晨一觉醒来，家务琐事、商务会议、学校作业、满足挑剔顾客的要求、合伙使用汽车，还有成千上万的其他义务，都要我们按部就班地逐条履行。我们可否轻易绕开这些事情，踏上不同道路？这个想法可能很有吸引力。它听上去浪漫，却不怎么现实。同样不现实的是，完全听之任之，彻底履行义务，还说什么，你现在的处境没有为你构造基于身份的人生留下丝毫空间。

你的许多义务都是机遇，你可以利用它，充分地表现自己的身份。在接待神经兮兮的顾客时，想一想，你会如何解答下列问题：是什么使得你成为胜任这项工作的适当人选？解答这个问题时，不要像一个木匠那样，仅仅着眼于你的技术才能或你的工作经验，而要着眼于你一生最喜欢做的事情。你的爱好是如何影响你建造自己的家园的，如何影响你构思自己的书架的样式的？

在一辆挤满了叽叽喳喳的十来岁孩子的汽车上，让每个孩子说一说，是什么品性使得他们独一无二，这些品性与他们长大成人之后想做的事情有什么瓜葛。他们各自的答案并不重要，重要的是你给他们提供了机会，让他们品尝了身份的滋味，尽管这样的品尝时间不长。如果你是一位学生，要写一篇论文，你会说些什么？对此，你的禀赋会产生怎样的影响？

把你生命的情感交给你最可信赖的部分

几年前，我聘用了一位名叫撒拉（Sarah）的年轻女士，让她来我这里出任咨询师。此前三年，她在另一家公司效力。她在那里表现优异，但那里以高度量化的方式解决问题，她觉得自己没有用武之地。在职业方面，她受过良好训练，从一家享誉美国的大学获得了商务学位。但撒拉觉得好像缺点什么，她需要更多的东西。

我对撒拉最感兴趣的，是她的个人经历。她是小提琴家，是热切的艺术爱好者，在小提琴方面受过古典训练。她的德语很流利，法语也说得过去。她曾漫游欧洲和拉丁美洲。一言以蔽之，她的内心深处还有更多的冲动，这位年轻女士绝非“池中之物”。

在我们一起从事几个项目时，撒拉看上去，就像一朵鲜花一样绽放开来。这朵鲜花仿佛曾被打入冷宫。无论是从个人的角度讲，还是从专业的角度看，把握身份这个概念，对于撒拉而言易如反掌。有一次她对我说，“终于有人对我是怎样一个人有了兴趣，对我是怎样一个人如何影响我的所作所为有了兴趣。”是的，我向她保证，我很有兴趣。

在我们相处的两年半时间里，撒拉允许自己对音乐的天然喜爱渗入自己的工作。她喜欢使用简洁、高雅的语句，自由地阐释复杂的问题，其中充满了洞察力和轻松感。撒拉不止一次告诉我，她为加入我们这家公司感到由衷的快乐，为能够达到自己的最佳状态、不必纯粹依靠“铁的事实”解决我们客户的问题而感到轻松自在。

一月又一月地过去了，我注意到，随着我们一起苦苦思考身份的秘密，撒拉内在的创造性被唤醒了。不过，我最大的乐趣并不来自我们得出的结论，甚至也不来自我们的客户凭借着那些结论采取的行动。我最大的乐趣来自下列事实：我能够以建设性的方式，使撒拉与她的自我重新吻合在一起。作为回报，她的工作质量自然也无可挑剔。

一旦你让自己的身份渗入自己的日常活动，你就会把它表现出来，允许它去改变每一件事情的颜色，至少是暂时的改变。而在以前，你可能一直都在下意识地渴望逃避这样的事情。一旦你开启了这一进程，你会遇到一件令你惊讶的事情：你会变得从容不迫、轻松自如。往日令你异常烦恼的平凡事务，如今充满了新的意义。它们不仅变得可以接受，而且成了你展示自己禀赋的重要工具。哪怕只以平凡和短暂的形式来展示你的禀赋，也是如此。

一旦你把日常活动转化成了身份行为，由你是怎样一个人和你的所作所为构成的猛然一看无法逾越的鸿沟，就会开始逐渐弥合。你会找到一个途径，把你本性中最好的部分带给无忧无虑的灵魂。你的灵魂将受益于你的援手。

永远尊重自己

生活充满了诱惑。它总是伺机而动，带我们步入歧途。

有些是小诱惑，比如在周六的清晨，有人出人意料地邀请你出去打一两圈高尔夫球，你不必再给自己的庭院安装围栏。要干这个活，你都拖了好几个星期了。

让自己的身份渗入你的日常活动，并把它表现出来

也有些大诱惑。比如，迫使自己从事自己根本不想从事的职业，因为你最好的朋友刚刚加入另一家公司，她告诉你说，那家公司糟糕透顶。或者你正在紧张复习，以应付第二天的生物学期末考试，却停了下来，与朋友一道看了一场电影。诱惑总是徘徊在我们的周围，逐之不去。

我的朋友塔莎，那位诗人兼化学家，最终决定结束与自己的多年好友汤姆的关系。她这样做，只是因为她无法继续假装喜欢她本不喜欢的东西，假装想要她本不想要的东西，包括金钱，包括豪宅，包括来自商界成功人士的赞誉。在她看来，这些东西可有可无。

为自己创造富裕的人生，是离不开训练的。消除诱惑只是这个过程的一部分。不让自己受到工作机遇（或高薪）的诱惑。这样的工作机遇或许充满魅力，却要你放弃自己的身份。顺乎自己的本能，避免权宜之计，避免单纯的社会正确（socially correct）。永远诚以待己。

随着你不断前行，你会开始做出你要表现自己的禀赋的选择。如此选择，事关你的职业或行业，事关你在从事现在的职业时主动做什么，积极逃避什么。如此选择，还事关两类人：一类人，你觉得他们值得信赖，必定会成为你的密友；一类人，你觉得他们永远都只能是“点头之交”。

记住，你的禀赋并没有绑在某个特定的工作或职业上。推倒重来的机会总是有的。你的禀赋是永远不变的。这么说意味着什么？意味着即使你决定退休，你在这个社会上的价值也不会终结。一旦激活了你的身份，你的事业和“退休”都算不了什么。你永远都能恢复活力。

不让自己受到工作机遇（或高薪）的诱惑。这样的工作机遇或许充满魅力，却要你放弃自己的身份

我曾经在报上读过一个人的故事。他就是詹姆斯·沃特斯博士（Dr. James Waters），曾在底特律郊外的一个小镇上出任督学。沃特斯博士几乎倾其一生，都在行政管理的阶梯上爬行：在相对说来比较年轻的时候出任指导部主任，然后是校长助理、校长，最后是督学。他的职业生涯长达40年。在此期间，他不断地招聘人员和解聘人员，最后几乎认识了与那个教育系统有关的所有人士。沃特斯博士令人爱戴，功成名就。他对教育的挚爱和信仰是众所周知的。在他的指导下，无论是在底特律州的眼中，还是就其实际规模而言，教育系统都有了长足的发展。注册的学生人数增至原来的三倍。从学术的角度讲，他执掌的行政区是最受赏识的。

你的禀赋并没有绑在某个特定的工作或职业上。推倒重来的机会总是有的

到了68岁的年纪，沃特斯博士退休了。这位前任督学没有因为退休而销声匿迹，而是当了私人教师。他改变了自己的行政角色。担任行政职务期间，他几乎从不直接与学生打交道；现在，他亲自介入年轻人的事务，这些年轻人需要专家的咨询意见：如何平稳地度过中学时期波涛起伏的人生？包括如何在学术压力、社会压力以及伴随大学体育比赛而来的压力之间保持平衡？

沃特斯博士当初高高在上，俯视几千名学生，现在却成了学生的咨询师，而且一次只能接待一个学生。如今他终于有了机会，以一对一的方式，给自己40年来看过、做过和学过的东西找到了用武之地。

不久之前，我交了好运，见到了沃特斯博士。他的外表与那篇文章描述的完全一致：体格纤弱，脸上挂着客气的微笑，有一双明亮的蓝眼睛。与他年近七旬的高龄相比，他看上去绝对充满活力。我在他身上看到的，是一个重新焕发青春的人，一个因为充满了教育激情而重新振作起来的人，一个是以崭新的、令人激动的方式前行的人。

我们做了简短的交谈。我问他，为什么他决定从事这个全新的职业？他直视着我说，他一直渴望与青年人有更多的接触，但是苦于没有机会，因为他承担着行政上的责任。现在机会来了。后来我才知道，这还不是故事的全部。稍后不久，他放松了警惕，对我讲了下面的故事。

沃特斯博士曾在二战期间服役。在还不够成熟的19岁这个年纪，他受命参加二战的重大战役——凸出部战役[①]。他发现四周极其混乱，到处是一堆一堆的尸体，一道一道的残垣断壁。尽管作为一个军人，他肩负着责任，但他还是感到迷茫，对自己的生命也越来越没有信心。他需要帮助。在参加这场令人恐怖的战役的几个月里，像他说的那样，有一个人——沃特斯到底也没有说这个人究竟是谁——在他最需要帮助的时候，“把他救了出来”。沃特斯终于找到了一个可以倾诉的人，一个可以使他在情绪上保持常态的人。

这次经历与他相伴终生。现在，他终于有了机会，来帮助那些需要额外指导的孩子，以便度过高中生活必然导致的“战役”。他用“偿还”一词来描述自己的行动。他觉得，他有一份债务需要偿还，而教育咨询就是他的通用货币。

沃特斯博士讲完他的故事，稍作停顿，然后以下列想法作结：你如果不把手伸给别人，就永远无法长大成人。说到底，他就是这样做的。

在你的身份旅程上，你已经走出很远。面对怀疑和拒绝，你挺了过来。你克服了恐惧。关于你自己，你已经发现了惊人的真相；

---

① 第二次世界大战期间，1944年冬，希特勒布以重兵，拟在阿登高原对盟军发动战略性反攻。战斗甚是惨烈，一直持续至1945年1月末。最终盟军宣告胜利。当时德军推进的顶点叫塞勒斯，而塞勒斯在整个中部战线凸现出去，故称凸出部战役（Battle of the Bulge），又称阿登战役。电影《坦克大决战》（*Battle of the Bulge*），讲述的就是发生在这次战役中的故事。

很多年来，这样的真相一直在那里静静地等待着，等待着被人发现和接受。你已经具备过上富裕日子的必要条件。把你的身份当成一面透镜来使用，透过它拥抱这个世界。对你经历如此千辛万苦才获得的东西，要保持尊重。

确定你已经得到回报

基于身份的人生并非但求付出、不图回报的利他主义活动。基于身份的人生要求以财富报答价值。不需要克己奉公。不需要被误导着做出什么牺牲。

基于身份的人生要求相互尊重。你是怎样一个人？在这个问题上，你乐于采取决定的立场，公开表明态度，这个勇敢的行为也应该得到他人的承认。在这一点，身份密码是有关尊敬的密码。

在你的身份旅程上，你已经走出很远。 你已经具备过上富裕日子的必要条件

我有一个好朋友，叫保罗。他一直梦想着开办一家杂货店，类似于大约百年之前美国城镇大街上随处可见的那种杂货店，小巧而诱人。里面摆满了新鲜的蔬菜、优质罐装商品、肉类、活鱼和各式各样的饮品，包括各种碳酸饮品和啤酒。除了有些现代风味，它就是古代商店的复制品，架子上摆满了各种风格的商品。对于保罗而言，这个商店可不只是一种商业投资。

在此之前，保罗一直在高中教授历史。有一个问题令他激情澎湃、寝食不安：在电话和电脑全面接管我们的生活之前，人们是如何融洽相处的？关于“古代日子”的故事，我的朋友讲得比谁都动听，尽管他是在那个时代消逝很久之后才呱呱落地的。

开始时，保罗的投资立竿见影，颇具成效。杂货店门前总是车水马龙，有人在忙忙碌碌地装载货物，有人只是出于好奇在通道里游来荡去。不管是怎样的人，只要经过这家杂货店，都会开心地感受那里的气氛。这气氛是保罗历经千辛万苦才重新营造出来的。只是我的朋友做得太极端，把商品价格压得过低，刻意模仿他要仿制的那个年代的所有方面。这是他的梦想的全部内容，也是他意在展示自己禀赋的全部方式。

毫不奇怪，他的商品定价令消费者欣喜若狂。但在短短几个月里，他的价格已经使他的生意难以为继，尽管他在经营方面小心翼翼。随着他逐步提高商品的价格，商店门前的繁华景象开始消逝。“保罗的配膳室”，这家在他的忠诚支持者中名头甚是响亮的商店，在与杂货连锁店和其他的现代化经营的竞争中败下阵来。

一天晚上，保罗向我承认，如果做些调整，他极有可能找到一条出路，既能保持低廉的价格，维持商店的运作，还能获得少许的利润。这些调整包括减少商品种类，改善灯光设备，去掉昂贵的古典装置，以及其他让步。保罗说这话时，没有一丝笑容。

让他不堪重负的不是财政困境。对于保罗而言，症结还是要回到诚实这个问题上来。如同我的朋友解释的那样，开办自己的商业从来都不是他的主要目的。他并非只是为了自己做自己的老板，才被迫去当企业家的。保罗的目的是，以他能与别人分享的方式，使古代生活重现于世，同时为他一直挚爱的东西举行庆典仪式。现在，他已经明白，必须做出重大妥协。可是一旦他真的做出重大妥协，给他留下来的，就无法表达由他的激情激起的愿景了。

我有朋友极不情愿地决定关门歇业。具有讽刺意味的是，“保罗的配膳室”本身也成了历史的一部分。保罗向我解释，如果不能维持自己的梦想，继续营业就没有什么价值了。现在，他的诚实依然完美无瑕，他又回到了中学，去教历史了。他的教学充满了重新激发出来的活力，充满了一个勇于诚以待己的人的精神。

当你透过身份的透镜审视世界时，补偿一词就有了不同层面的含义。没有做出有意义的贡献，就想获得利益，那是必败无疑的，无论这“利益”是金钱、名誉还是别的什么货币形式。你贡献了自己的禀赋，却没有为此得到回报，获得酬劳，同样也要一败涂地的。你付出了努力，就应该得到对你而言意味深长的荣誉与利益。这些都是你自己赚来的。

基于身份的人生也需要得到支持与鼓励。因为贡献了禀赋而得到的报酬，就像食粮；要想维持自己的禀赋和生命，你就需要这份食粮。除了金钱，这份食粮的形式多种多样，包括爱戴、钦佩、感谢、赞誉，甚至包括自尊心的提高，它会令你高枕无忧。无论你把什么当作报酬来孜孜不倦地追求，一定要确保你能够得到那份报酬。

随着你逐渐向身份的引力投降，你终会明白，由循环定律显现出来的亲密关系是如何安排你的人生的：**身份**（你的各种特性的汇合）支配**价值**（你能在这个世界上做出的特殊贡献），然后价值创造**财富**（作为你作出贡献的结果，你将获得的收益）。接受这个现实，你的人生也会变得更加富裕。接受这个事实吧：身份赋予人生以生机和活力。

因为贡献了禀赋而得到的报酬，就像食粮；要想维持自己的禀赋和生命，你就需要这份食粮

从身份到价值，从价值到财富，再从财富回到身份，这个连续不断的循环，给**生命循环**赋予了新的意义。既要把你的身份看成起点，也要看成终点。它是你的独特性和潜能的源泉。你的身份同样是它自身力量的受益者。践行之，表现之，它会在影响你及别人的人生方面，变得更加深邃，更加有力。

持久坚持下去，这样做的形式是多种多样的。持久地坚持下去，是对向身份的引力投降所做的奖赏。只有勇敢地踏上这条道路，你才会意识到下面的真理，才会断言：**有付出，有收获；几分付出，几分收获**。

※练习：投降※

下列练习是身份图绘过程的第八部分。它们会帮你**断定，你是否会向身份的引力投降，进而过上富裕的日子**。设计这些练习的目的，是或直接或间接地回应本章介绍的不同步骤。在某些情况下，它们可能超乎本章提供的例证。

1. **阐明：对你而言，富裕意味着什么？**鉴于种种关系框定了你现在的人生，考察你现在的人生的每个方面。每个方面都是构建你的未来的积木。

- 写下每种关系的“理想形态”：如果你想让自己的身份对这些关系施加影响，设想一下，这些关系将走向何方。
- 说明哪些关系会有所不同，哪些关系会保持原样。

你与工作的关系：

你与职业的关系

你与事业的关系

你与家人的关系：

尤其是

你与妈妈的关系

你与爸爸的关系

你与兄弟姊妹的关系

你与孩子的关系

你与伴侣或配偶的关系：

你与朋友的关系：

要具体（写出姓名）

你与别的人关系，精神上和重要活动上的：

你与教友的关系

你的兴趣和业余爱好

2. **如果你要根据你是怎样一个人来生活，你觉得你未来的人生应该是怎样的？在你的笔记本上画一张图，描述你未来的人生。**

·写一篇简短的描述性文章（至少一个页码），注意在你看来最有意义的人、工作和活动。给每个条目设定日期。

·每六个月回来一次，看看离你实现自己的目标还有多远。在你画出的那张图上，记下你的成就。为了继续向前推进，确定你下一步将要采取的行动。

·随着你不断向自己的身份的引力投降，自由地编辑那张图，并增添内容。

wait

framework for living

人生的模式

※发现秩序※

多数人在人生中寻找秩序。秩序帮助他们避免嘈杂，避免混乱，甚至避免狂乱。嘈杂、混乱和狂乱会在人们漫不经心的时候，蹑手蹑脚地爬过来，乱人清爽。秩序帮助我们掌控不确定性，帮助我们应对令人瞠目结舌的事情，并向我们解释，为什么会（或为什么没有）发生这些五花八门的事情。

秩序事关节奏。无论是简单的小曲调，还是庄严的交响乐，音乐都需要清晰、明确的节奏，只有这样，音乐家才能演奏，听众才能理解。我们的人生与此无异。我们就是自己的音乐。我们必须找到自己的节奏。

稍作观察，你就会发现，人们以各种各样的方式寻找节奏。节奏帮助人们理解世界。有些人走向宗教，以界定什么是对的，什么是错的，什么是善的，什么是恶的，什么是危险的，什么是安全的，什么是真的，什么是假的。

有些人以科学为生。本质上，他们是理性主义者。如果不能在经验的层面上证明某物存在，它就根本不存在。在他们看来，人生始于也终于触觉、视觉、听觉、嗅觉、味觉，我们只用这五官感觉来把握世界。

还有人要伸手摘星星。他们相信月亮的力量，相信行星运行的力量。占星术就是他们的宇宙。星象就是他们圣经里的诗篇。

基于身份的人生有它自身的韵律。不过，它并不来自我们之外的某种神秘力量，而是来自我们自身之内。身份的节奏源于独特性和潜力，而独特性和潜力是每个人的根本。它来自你自身。

在本书每部分的末尾，我都揭示了某种特定的洞察力。你在解答了那里的问题后，必将获得这种洞察力。例如，接受了存在定律，你就会知道，存在定律意味着“活着”。接受了个性定律，你就会领悟一个事实，即，你的确是“独一无二”的。让恒心定律引导你揭示自己的人生图式，那样你就会明白，你是“一成不变的，尽管你在成长，在进化”。

每一种洞察力都是促成你的身份密码不可或缺的一部分。但是，与你迄今为止体验到的相比，身份定律包含着更多的东西。你要了解更多的东西，才能弄明白，这些定律是如何赋予你的人生以秩序的。

我们就是自己的音乐。我们必须找到自己的节奏

※身份之弧※

自从学会了记录时间，我们就围绕着时间组织我们的人生。我们是按时就寝的，也是准时起床的。人们建立了这样的机体，以适应那雷打不动的韵律。在面对时间之河不可逆转的流动时，我们满怀崇敬之意。从东方升起，在西天落下，太阳之弧永远主宰着我们的人生。

每天傍晚，太阳都会“夕阳西下”，但我们并不把它的消失看成某种永久的损失。我们知道，用不了几个小时，太阳又会跟我们在一起，又会照亮新的一日。我们对这个永久不变的现实，充满了信心，决不怀疑。无论是有心还是无意，我们从不怀疑“太阳之弧”，以及“太阳之弧”对于我们的生存的重大意义。

同样的道理，身份定律也是一道弧。在框定我们的人生这个方面，它同样是可以预测的，是令人安心的，是循环往复的。可以把这道弧（即**身份之弧**）分为五个不同的阶段，以阐明以身份为核心的人生是如何光芒四射的。这五个阶段分别是预备、发现、考验、转化和集成。

第一阶段，**预备**，源于下列行为：把自己与他人分离开来，并以此界定自己。你要允许自己在框定自己人生的众多关系中，寻找属于自己的“独立空间”。你已经做了适当的调整，看事情比以前看得更清晰。你已经做好准备，马上就要开始自己的身份之旅。你已经**准备完毕**。

第二阶段，**发现**，源于下列行为：发现你喜欢的东西，寻找你人生的图式。你已经做好了前期工作，对于寻找能力和激情而言，它是必不可少的。当初，你极有可能看不到自己的能力和激情。你已获悉，你的人生并不只是一系列的随机的经历。相反，它讲述的故事既可以解释你的过去，还能预示你的未来。你已经**增长了见识**。

你的身份之弧分为五个不同的阶段：预备、发现、考验、转化和集成

第三阶段，**考验**，源于下列行为：你已经不可避免地遇到了挫折，心里充满了疑惑，但最后还是挺了过来。你对自己独特的力量有了充分的认识，但对如何运用这种力量，并不完全了然于心。这时，挫折和疑虑就难以避免。尽管迄今为止你对自己有了相当的了解，你还是不知道该走向何方。你正在**接受考验**。

第四阶段，**转化**，你已进入最为关键的发展阶段。追寻着欢乐的足迹，你发现了自己的禀赋。谁重要？他为什么重要？你在琢磨。你可以真诚地信赖哪些人？你已经知道。你已经借助于自己的禀赋迸发的力量，表白了自己，搞清了自己的信息。在这个阶段，你将采取许多生死攸关的步骤，承认并接纳你的身份显现的目标。你正在**成长**。

第五个阶段，**集成**，源于下列行为：你已经向自己身份的引力投降。因为屈从于你身份的力量，你正在铸造富裕的日子。富裕是指，你已经拥有对你来说最重要的东西。你已经与你是怎样一个人合而为一，你体验到了清晰无误的完整性，正是这种完整性确立了你的诚实性。你与你自己和平相处，你的人生有了目标。你是**完整的**。

身份之弧

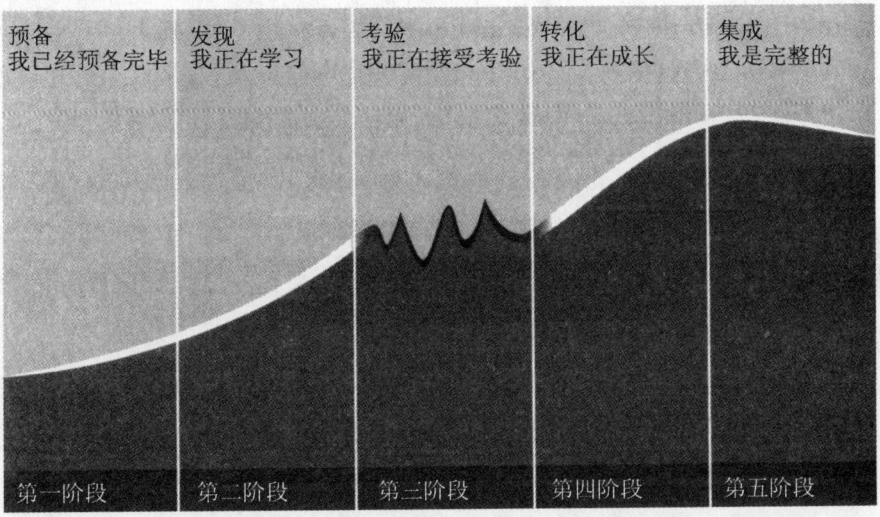

对身份之弧做如此简单的描述，自然会遮蔽远为复杂的现实。不过，如此简单的描述自有其价值。它的价值在于，它表明，一旦你踏上这个征程，你就会体验到异乎寻常的变化。

身份之弧表明，你的身份之旅将分阶段逐步完成。这个旅程并非直线而行。随着你不断加深对自己的了解，你会在不同的时期，回访不同的阶段，即重新回到一个或多个阶段。这样做时，你会借助于对自己的了解，强化自己的信念，勇往直前。过程是流动的。这与你的感觉是同步的。

想当年，终能用语言说出自己的身份的那个时刻，我至今无法忘怀。我依靠那种体验的力量，过了几个月的时光。从技术的层面上讲，我已经进入了转化阶段。作为不断突破的结果，我正在成长。

突然间，我觉得自己裹足不前。仿佛在自己的身份之旅上，我已经走投无路。现在回想起来，我意识到，尽管我有了巨大收获，这些收获还是需要重新组合。在搞清楚自己可以信赖谁之前（还没有搞清楚自己可以信赖谁，更不必说公开地表白自己了），我需要重新“做好准备”。我需要时间，鼓足勇气，接受下列可能性：我的行为可能导致我被他人拒之于千里之外。

你可以随时开启自己的身份之旅。如果你早慧，你的身份之旅可能在十几岁时启动。如果你与芸芸众生无异，身份之旅会稍加推迟，一般在三四十岁时才能开启。你的身份之旅的主要内容，可能在几年之内顺利完成，也可能需要几十年才会开花结果。时间的长短取决于这个旅程对你的意义，取决于它对你的下列行为的重要程度：你是否要在这个世界上寻找自己的目标和位置？

在阐述前面八个问题时，我曾经提到，过上“富裕”日子的希望在于持久地坚持。不是肉体意义上的坚持，因为总有一天，我们每个人都会死去；持久地坚持下去，是就下列意义而言的：透过你的禀赋以及你留下的遗产，延续自己的生命。

每日的清晨，太阳都会重新升起，无法抵制，难以抗拒。与此类似，身份之弧也会失而复得。它可以通过你的子女延续下去。你向他们展示，依靠自己的身份生存，是何等的辉煌壮丽。这样做，你是在祝福他们。你可以影响朋友，让他们鼓足勇气，把自己身份变成人生的陀螺仪，以此把身份之弧延续下去。你的身份之弧就是用来使自己生生不息的。

※身份信条※

身份的定律彰显出来的洞察力，都有自身的价值。每种洞察力都会使你沿着自己的身份之旅前进一步，都会在你是怎样一个人的问题上，给你带更多的安慰，赋予你更多的意义。除了身份之弧，身份的定律还会以另一种方式，赋予你的世界以秩序。把它们放在一起，八种洞察力构成了一个信条。这就是**身份信条**。它会向你展示，当你照它行事时，你的人生将会怎样。

我活着，我独特，我永无变化，
尽管我也在成长，我也在进化。
不过，要想真真切切生活下去，
我就必须充分详尽地表现自己。
我有很多东西，需要奉献出去，
不过这样做时，需要别人参与。
与那些同样需要我的人在一起，
我当然能展现出冲天的创造力。
为了确立这些关系，我要做到，
让别人真正了解我的真实自己，

然后依照我的付出，获得收益。

一旦你破解了自己的身份密码，你会发现许多奇妙的秘密。它包括：你一直拥有但又对其一无所知的力量，一直耐心地徘徊在你视野之外的激情，在你内心深处徐徐沸腾的勇气。向这些力量投降，你的身份就会成为生存的框架（身份本来的意义也在于此）。你会找到我先前在本书中描述的那种快乐，你会与自己和平相处。你理解自己独一无二的能力，并依此生活下去。你是你自己，你为此快乐无比。把你的身份当成生命之源。它使你充满活力，它使你灵活机智，它使你身手矫捷，它使你威力无比，它甚至使你幽默风趣。它是你心中的太阳，它的能量永不枯竭。

把身份信条视作邀请，鼓足勇气。放下戒心，从容展示你是怎样一个人，这决定了你与他们关系的性质。

在接受了下列事实的那一刻，你醒悟了：和每个人一样，你是孤苦伶仃的，无论你有多少关系，无论你认识多少人。

你的确是特殊的，你的独特能力是值得你以生命完成的任何事物的栋梁。

从你诞生的那一刻起，你的存在之核就未曾变化。当然，为了满足人生的众多要求，你在表现自己时采取的方式可能是千变万化的。

当你把志同道合、意气相投的人引以为同类时，你最能付出，也最会收获。你向他们表明，你是怎样一个人，他们会为此向你表示感激，因为你的人生会帮助他们更多地借助他们自身的力量，完成他们自己的使命。他们也会回过头来，确证那些对你而言最为重要的东西，进而丰富你的人生。

采取决定的立场，公开表明自己的态度。倘不如此，人们就无法看到你生命的完整性。让世界知道你要做些什么，你会成为磁石，吸引那些肝胆相照、声气相投之人。

做这些事情吧，你会获得相应的报酬。你会知道，你曾经享受过真正的人生，你得到了应该得到的东西，无论那东西是金钱，是爱心，是内心的宁静，还是更强烈的自尊。你的人生会成为你的遗产。这些加在一起，必定成为一座灯塔，在它的照耀下，你的子女和被你感动过的人们，昂首阔步前行。

把你的身份当成你心中的太阳，它的能量永不枯竭

如果人们以身份信条指导自己的人生，各种关系就会发生戏剧性的变化。在涉及家庭、朋友和工作时，情形尤其如此。

在家庭内，“子肖其父”或“子肖其母”，这样的压力会荡然无存。“你是你自己的”，会成为令家人自豪的颂歌。“幸福大家庭”的观念，会让位于相互爱护、亲密和睦的家庭观。在这样的家庭中，每个成员都会对彼此间的差异，以及造成差异的原因表示尊重。因为彼此间存在着差异，差异的成因也不尽相同，家庭成员是互补的。

如果你自觉地根据身份的力量选择朋友，你会与之结下更加深厚和持久的友谊。你会主动寻找这样的人，他们所爱的，也正是你爱的；你还会更加轻松地避开这样的人，他们只是拥有更多的你渴

求已久的东西，如金钱，如地位，如成就。你会为了激情而放弃声望，主动引某些人为同道：他们眼睛里流露出来的信念，与你对圣洁身份的信念毫无差异。你的关系宇宙会围绕着你的内在身份圈旋转，而不是沿着别的什么轨道，东跑西颠。

如果雇主和雇员都能尊重彼此的身份，以此为基础，去理解，去行动，那我们就会更加热切地接纳我们的职业。员工表现不佳，经理也会大伤脑筋。经理麻木不仁，员工会深感幻灭。如果尊重彼此的身份，所有这些，都会让位于更加迫切和更有意义的对话。

对话的主题不是员工何以需要“兢兢业业”，或者经理何以需要“大展宏图”。对话的主题是，当（而且只有当）一家机构里面的人员在得到鼓励后，要把自己的身份融入工作、投入机构时，这家机构会怎样的兴旺发达。机构发达之后，经理不仅以金钱，而且以真诚的赞美，以对人类存在（这种存在深藏于“雇员”的内心）的执著关注，相应地褒奖各位员工。

简言之，生活在地球上的人们，没有谁不具备凭借自己的身份生存的能力。如果让身份成为我们人生的根基，这个世界会变得更加美好和富饶。但我为未来勾勒的远景，充其量也只是一点希望而已。

你绝对不是可有可无、无关紧要的人。你是世界的起点。一旦你敞开心扉，接受你的身份密码显现的各种可能性，切记你是不可战胜的。成为你自己，仅此一点，你在这个世界上就有价值。没人能夺走你的身份。没人能让你成为你本来就不是的那种人。这就是你的力量，它是永恒不变的。

永远不要忘记你是怎样一个人。

TES
dász

epilogue

结语：身份的循环

你已经看到，本书的每一部分都始于一个小循环。结语部分的循环（即身份的循环），已在本书前面做了充分的阐释。它把身份密码的所有方面汇集起来，纳入一个综合性的表格。与其他循环一样，这个循环历史悠久，内容丰富。

循环的运用，已有若干世纪之久。许多的文明都以循环描述完整、永恒和复苏的特性。在艺术中，循环被用于众多宗教传统之中。有时它被称作曼荼罗[①]。在12世纪，修女创造了许多美丽的曼荼罗，以表达自己的信仰。在美洲，土著美国人（印第安人）创造了巫医轮，而圆形的阿兹特克历（Aztec calendar）既是计时的工

① 曼荼罗（mandala），印度教和佛教用来帮助僧人禅定的几何图形，据说是宇宙的象征。

具，又是古阿兹特克人表达宗教信仰的方式。

在我们的星球上，生命机体都是由细胞构成的，每个细胞都有一个细胞核。所有的细胞核都是具有中心点的循环。可以把具有中心点的循环视作生物的基本结构。反映在世界上，从原子到最小的花朵，从蜘蛛网到巨型结构（例如把地球收入囊中的太阳系），莫不如此。

循环不仅是我们用眼睛看到的形象。某些文化还把它视为时间中某个真实的顷刻。它是变化和流动的，自身具有意义和目的。可以把它当成工具，既可以以之探索艺术和科学，还可以以之探索生命的奥秘。

身份的定律构成了它自身的循环。它生机无限，充满了丰富的可能性。你可以随意出入这个循环。你可以一头扎进，可以挺身而出，可以换个地点或换个时间，重新进入。初看上去，身份的循环的中间部分似乎是空的，仿佛它根本就没有统一的中心点，其实并非如此。你就处于它的中心点。你赋予身份的循环以意义。向它的深处望去，你会在它的中心点看到自己。

Acknowledgments
鸣谢

感谢所有帮助本书问世之人。感谢你超凡脱俗的想法，感谢你对身份智慧的信任。在许多情形下，还要感谢你对基于自我的生存所包含的力量所做的动人描述。如果本书中还有什么英雄人物，那就是在本书中自始至终都在讲述他们的故事的那些人。感谢你们始终都是你们自己，感谢你们成了我人生的一部分。

还要对很多人表示特别的感谢。在我需要激励之时，推我前行的，是他们对本书浓厚的兴趣(或公正的看法)。

感谢我的代理人吉姆·莱文(Jim Levine)，他在我的提议中看到了潜力，理解了我要推广身份概念的内在动力，并在将近两年的时间里始终如一，持之以恒，确保本书找到了合适出版者；感谢本书编辑卡罗琳·萨顿(Caroline Sutton)，她的眼睛，差不多就像她的文字，首先告诉我，她是如何坚信身份的威力，而且没有她的帮助，也无法展示出本书内容的活力。感谢我亲爱的朋友和顾问格里·辛德尔(Gerry Sindell)，他对身份的炽热激情完全可以与我匹敌，在我需要绝对信任的声音时，他的洞察力与智慧令我不敢稍存懈怠之意。

最后，特别感谢 Siegel & Gale 的同事埃斯拉·泽托格拉(Esra

Sertoglu)、托马斯·奥达尔(Thomas Ordahl)、吉姆·洛厄尔(Jim Lowell)和彼得·斯沃德洛夫(Peter Swerdloff)。在我们共事的岁月里，他们对作为人生框架的身份定律不乏兴趣，对本书的付梓也有诸多贡献，这些对我而言意味良多，不可不谢。

Bibliography

参考文献

致力于探讨人类身份这一课题的文献汗牛充栋。许多著作都从不同的角度研究身份的问题，只是有的直接，有的间接，有的侧重于精神，有的侧重于实用。我相信，对于这个话题，下列书目提供了既有趣又有用的透视，是对本书的补充。

Identity Is Destiny，Laurence D. Ackerman（Berrett－Koehler，2000）

《身份即命运》。我的第一部著作。本书首次介绍了身份定律，并透过个案分析和个人叙述，表明人和机构是如何受其制约的。

What Should I Do with My Life，Po Bronson（Random House，2002）

《我应该用自己的生命做什么？》。专门写给那些对重大人生变化进行沉思默想的人。书中讲述了许多普通人的故事，他们都曾经面对这个重大问题，并战胜了挑战，找到了问题的答案。

Identity and the Life Cycle, Erik Erikson,(W. W. Norton, 1980)

《身份与生命的循环》。在这部破天荒的开拓性著作中,作者把身份描述为两种力量的融合:其一是个人与其家庭具有的特定价值的联系,其二是使得我们人人都独一无二的品性。作者根据自己的研究表明,从婴儿到童年,从童年到青年,从青年到壮年,人是如何逐步确立自己的身份,进而长大成人的。

Wisdom of the Millennium, Helen Exley (Exley Publications, 1999)

《千禧年的智慧》。本书通过由许多漂亮的引用语构成的透镜,来探讨身份问题。它汇集了有史以来最机智的语句。它的核心论题是人的价值,诸如**仁慈、希望、勇气以及坚定不移**之类。这些都是你的身份激发出来的生命力量。

The Prophet, Kahlil Gibran (Knopf, 1923)

《先知》。讲述的是一个神秘人物的故事。他即将踏上征程,想给村里人送些礼物,无奈两手空空,徒叹奈何。大家围着他,每个人都提了一个令自己百思不解的问题。此人的智慧成了他送给村民的礼物。聪明的先知谈到了许多与基于身份的人生密切相关的主题。

The Soul's Code, James Hillman (Warner Books, 1996)

《灵魂密码》。在本书中，作者介绍了一种有关“自我”的观念。“自我”不是由家庭关系或我们身外的其他力量决定的。作者认为，“性格”就是命运。如果给灵魂以机会，它会在我们年幼时表现出来。作者认为，我们甫一问世，个性就已形成。我们做什么，要受它支配，反过来也会影响它。

Working Identity, Herminia Ibarra (Harvard Business School Press, 2003)

《有用的身份》。本书对下列传统信仰发起挑战：小心翼翼地评估某人的技能和兴趣，会自动地引导他找到适当的职业。对于未来之弧(arc of the future)的界定，是一个“永无休止的过程，在这个过程中，我们被迫经历一系列的环节。正是环节创造并显出了我们可能的自我”。作者讲述了23个人的故事，他们成功地实现了职业转型。

Self Matters, Phiffip C. McGraw, Ph. D. (Simon & Schuster, 2001)

《自我很重要》。本书激励人们寻找“真正的自我”。“真正的自我”是在被生活伤害之前，你曾经是过的那个人。本书把这样的自我描述为最伟大、最圆满、最真实的人。人人都想成为这样的人，但是因为思维混乱、忙碌不堪或心惊胆战而难以如愿。

The Road Less Traveled, M. Scott Peck (Simon & Schuster, 1997)

《一路人迹稀》。作者的关键性前提——人生艰难——对于任何人都具有挑战性。但作者认为，通过四个规训原则，我们能够接受并跨越这个前提。作者描述的“道路”绝不是最平坦的，但只有它，值得一试。

The Book, Alan Watts (Vintage Books, 1966)

《书》。关于自我，存在一种幻觉，作者致力于研究这个幻觉的成因与救治。这个幻觉就是：自我是一个分离开来的“我”(ego)，它居于“我们内心深处，面对着异化和愚蠢的自然客体宇宙”。本书以一种既深刻又有趣的方式探讨自我的性质。

译者后记

十几年前读汪曾祺先生的《异秉》，过目不忘。不是本人记忆力好，而是先生讲述的故事甚是滑稽，文笔又俏皮，令人“不思量，自难忘”。里面的王二先生，发了一些小财，于是有人断定：“即以王二而论，他这些年飞黄腾达，财源茂盛，也必有其异秉。”王二识字不多，不解何为“异秉”。“就是与众不同，和别人不一样的地方。你说说，你说说！”大家都怂恿王二“说说”。王二盛情难却，诚惶诚恐，欠一欠身说：“我呀，有那么一点：大小解分清。”他怕大家不懂，又解释道：“我解手时，总是先解小手，后解大手。”里面的受气包陈相公闻讯，马上前去蹲坑，无非是想看看自己是否也有如此“异秉”，有没有“飞黄腾达，财源茂盛”的命运。汪先生对“异秉”论的不屑，跃然纸上。

我们对于禀赋(无论是常态的“禀赋”还是非常态的“异秉”)，似乎多持消极态度。我们曾对“天才论”大动干戈。所谓“天才”(gift)，实即“禀赋”。民间亦有“狗改不了吃屎”、“禀赋难移”之论，对“本性”、“禀赋”的嗤之以鼻，一望便知。西哲号召“认识你自己”，我们主张“人贵有自知之明”，不是鼓励大家积极进取，而是主张人人消极避让，“命里有七两，不能求半斤”。行文至此，难免想起鲁迅先生近百年前的主张："我看中国书时，总觉得就沉静了下去，与人生离开；读外国书时——除了印度，时时就与人生接触，想做点事。"想不佩服先生之言，都难于登天。

西人的确不同。至少，本书作者所见，就与我们大异其趣。在本书(英文版)中，作者论及禀赋，多达 91 次。每次论及，大有热情洋溢、激情澎湃之势。依作者之见，禀赋乃"特定的、固有的、夺目的、迫切需要发展和实施的内在动力"，且人人生而有之。禀赋与人生的目标和奋斗的激情联系在一起。有什么样的禀赋，就应该确立什么样的人生目标；有什么样的禀赋，自然也不缺少为实现自己的人生目标奋斗终生的激情。禀赋是我们内心深处持久的需求，我们的想象力，我们的"执行力"，全都赖其为生，皆是其手下败将，不得不对之俯首称臣。

顺乎自己的禀赋，事半功倍；逆乎自己的天性，徒劳无益，甚至自寻死地。对自己的禀赋茫然无知，甚至根本就没有意识到禀赋的存在，只能像无头苍蝇，瞎撞而已。看人家做生意，自己也要开公司；看人家炒股票，自己也急忙掏腰包。结果生意一败涂地，股市净身出户，还浑然不知，只怨时运不济，时不我与。有些学者做学问，如我之辈，东一榔头，西一锤子，半世忙碌，一事无成，一生走来，浑浑噩噩。可悲，可泣。

本质上，身份密码是禀赋密码，身份定律是禀赋定律。需要说明也必须说明的是，作者所谓的"身份"与我们理解的"身分"有云泥之别。我国古代没有"身份"，只有"身分"，"身分"的含义也比较复杂：有时指"分量"，如《儒林外史》中有"这酒也还有些身分"之语；

有时指“勾当”，如《初刻拍案惊奇》中有“所以闲常也与人做些不伶俐的身分”之论。但最关键的，其用法和意义延续至今的，却是“人在社会上或法律上的地位、资格”，特别指受人尊敬的地位，为人信任的资格。“分”的本意是“别”，“身分”意味着差别。《颜氏家训·身事》就是在这个意义上使用“身分”一词的：“吾自南及北，未尝与时人论身分也。”成为一个有“身分”的人，是很多人的梦想。“身分”不是生而有之的，它是后天习得的。

西方人所谓的“身份”(identity)与此大相径庭，主要指“一套特性的总体方面，据此明确地识别或认识某一事物”(the collective aspect of the set of characteristics by which a thing is definitively recognizable or known)，或者“一个人的独特性格，这种独特性格被视为持久存在的实体”(the distinct personality of an individual regarded as a persisting entity)，或者干脆把它等同于“个人特性”(individuality)。本书作者也是在这个意义上使用“身份”一词的。它不是后天习得的，而是人人生而有之的。作者反复强调：“你的身份是你独一无二的特性”，“我所谓的‘身份’指的是独一无二的特性，这些特性彼此组合起来，决定了你在世界上创造价值的潜能，即你作出贡献的潜能”，“我们的身份密码很像生物遗传密码，是人人生而有之的”。总之“身分”与“身份”之异，不可不察。

除了身份定律，作者所论，内容甚是广泛。比如，作者告诉我们，人生有其内在的结构和秩序，只是多数人意识不到这点而已。既然意识不到，自然也无法找到人生的结构和秩序。既然不能发现人生的结构和秩序，自然不会对人生做长久规划，只能照方抓药——照人家的方，抓自己的药。必须寻找自己人生的图式。“寻找你人生中蕴含的图式，就是寻找对你而言始终都是正确的道路。看到这条道路，能导致众多结果：转工、转学、结婚、离婚、交新朋友、弃旧朋友、皈依新教，或者只是对迄今为止你选择的道路，再次表示肯定和祝贺。”

再如，作者号召我们“把自己与他人分离开来，以此界定自己”。也只有把那些七大姑八大姨、左上级右下属之类的关系全部屏蔽，才能知道自己究竟是怎样的人，究竟能做怎样的事，才能有所为，有所不为。对于我们这些芸芸众生来说，尤其如此。指望“人脉”或“关系”飞黄腾达，属于可望而不可即的“超现实主义”。当然，这么说，不等于要你茕茕孑立，形影相吊。你也会关心父母，你也要结交朋友。但那是不一样的“关心”和“结交”。本书中讲述的黛安娜的故事，令人深思。“黛安娜能够敏锐地判断，某个她只见过一两次面的人，最终可能会成为刎颈之交，还是成为马马虎虎的旧相识。”两者的区别在于，真正的朋友永远了解你的禀赋，理解你的内在需要，因而是可以信任的。基于利益的友情，只能厮混的“酒肉朋友”，有何信任可言？

记得茅于轼先生曾经说过，人类要进步，社会要发展，人须尽其才，物须尽其用。我们自古即有“天地人，三才也”之类的高论，但它们究竟何才之有或才于何处？似乎从未深究。“天地人，三才也”之类的“宏大叙事”，我们从来不缺，只是“大而无当”，为天下笑。只有像本书作者这样的西方人士，才能真切地告诉我们：我们究竟有着怎样的禀赋，怀着怎样的才能；如何利用禀赋和才能，规划长远的人生；如何主观上造福于自己，客观上奉献于他人。这是本书最为可贵之处。它没有宏大的叙事，也不故作高深之论，全是促膝而谈，扪虱而言，令人备感亲切自然。美国没有康德、黑格尔那样的大哲，但从来不缺乏健全的常识，细想起来，全赖经验主义、实验主义的源远流长。

感谢本书的作者阿克曼先生，不仅感谢他为我们贡献了一部难得的人生指南，还要感谢他应本人之邀，为本书撰写了中文版前言。阿克曼先生的热情、认真，令人感动。他来信问，本书在中国前景如何，能否受到读者欢迎？一半出于真诚，一半出于客套，我做了肯定的回答。没想到阿克曼先生不依不饶，又问，为什么中国读者会欢迎此书？这就是美国人的精神。想来想去，只能答曰："中国正在经历巨变，有人都急于捞钱，甚至极其贪婪，罔顾他人性命。饶是如此，未必成功，相信失利者，反在多数。遭受了挫折，或许有人想到重新规划人生。先生之书，不吝久旱之甘霖，岂有不受人欢迎之理？"现在想来，此论虽甚肤浅，未必毫无道理。

感谢首都师范大学出版社的陈鹏总编和杨小兵主任，没有他们的支持、鼓励和宽容，此书或许无法完工。

感谢旅居北京的美国作家 Donald McCoy 先生，本人曾就书中的疑难问题向他请教，受益匪浅。

本书看似浅显，但自成一体，读起来轻松愉快，译起来却也颇为费力，而且费力之后，未必讨好。有时觉得，翻译一种语言，实在是糟蹋一种语言。本人已经竭尽全力，但限于学识和才能，自知难免错讹，还请读者包涵，方家指正。

2008年10月31日